# La Découverte du Métal

Les Origines de l'Homme

# La Découverte du Métal

par Percy Knauth
et les Rédacteurs
des Éditions TIME-LIFE

FRANCE LOISIRS
123, boulevard de Grenelle, Paris

*L'auteur:* PERCY KNAUTH a été écrivain et rédacteur à TIME, SPORTS ILLUSTRATED et LIFE; il a également exercé les fonctions de rédacteur adjoint de la collection LIFE le Monde Vivant, et de rédacteur de la collection TIME-LIFE le Monde des Arts. Actuellement, il est auteur indépendant; il a publié récemment *The North Woods* dans la série The World's Wild Places (Les Grandes Étendues Sauvages) des Éditions TIME-LIFE.

*Le conseiller scientifique:* CYRIL STANLEY SMITH, professeur honoraire à l'Institut de Technologie du Massachusetts, est membre des départements de Métallurgie et de Sciences humaines. Le Pr Smith a été l'un des premiers à s'intéresser à la science de la métallographie *(pages 38-40)* et s'est consacré, au cours de ces dix dernières années, à l'étude de l'influence de l'art sur l'évolution de la technologie.

*Couverture:* Extrayant un morceau de fer incandescent d'un lit de charbon de bois, un fondeur du Ve siècle avant notre ère s'apprête à forger le métal et à le transformer en faucille. Un jeune apprenti se tient prêt à actionner le soufflet en peau de chèvre ou à attiser le feu. Ces peintures ont été réalisées par Michael A. Hampshire d'après une photographie d'une forge au toit de chaume simulant le type dit de la Tène reconstituée en Autriche conformément à des trouvailles archéologiques. Michael Hampshire est également l'auteur des peintures relatives aux travaux d'extraction du cuivre au Proche-Orient, qui figurent pages 45-53.

Edition du Club France-Loisirs, Paris
avec l'autorisation des éditions Time-Life
ISBN 2-7242-2594-5

Traduit de l'anglais par Yvette Gogue.

Authorized French language edition © 1974 TIME-LIFE Books B.V.
Original U.S. edition © 1973 TIME-LIFE Books Inc.
All rights reserved. Fifth French printing, 1982.

# Table des matières

# Introduction

Le forgeron fut l'un des tout premiers spécialistes à émerger des ténèbres de la préhistoire. Cet homme, dès son apparition, occupa un rang fort étrange dans l'échelle sociale. S'il lui arrivait de jouir de l'estime générale, il lui arrivait aussi d'être en butte au mépris, et ce, pour des raisons manifestes. Bien qu'il travaillât dur, sa personnalité rebutait : le visage noirci, les vêtements brûlés par la fumée et les flammes. Mais les objets qu'il fabriquait étaient fonctionnels et esthétiques. De plus, il semblait doué du pouvoir divin de modifier la matière proprement dite. Il pouvait transformer une roche sombre en un métal scintillant, et rendre à volonté le matériau liquide ou solide, rigide ou malléable. Dès la plus haute antiquité, ces mutations furent tenues pour le reflet de forces bien souvent spirituelles, inhérentes à la matière même.

Les métaux exercèrent sur les hommes une réelle fascination, de par le halo de mystère qui les entourait. Les philosophes grecs, par exemple, cherchant à expliquer le phénomène de l'alliage des métaux, conçurent leurs doctrines de l'atomisme et de la structure élémentaire de la matière. D'autres, moins versés en philosophie, se bornèrent à admirer, à exploiter les métaux et, ce faisant, à faire progresser ce qu'on appelle la civilisation. Au départ, ils modelèrent les métaux à l'image des objets habituels; par la suite, ils leur attribuèrent de nouvelles fonctions — outils agricoles, instruments de cuisine, armes de guerre, bijoux de parure.

Il est évident que ces progrès matériels eurent des conséquences considérables. Mais le rôle de la technologie dans la transformation de la vie des êtres humains n'a jamais reçu l'attention qu'il mérite. L'explication en est simple : les innovations technologiques ne furent pas consignées dans des livres, mais sont cachées, en quelque sorte, dans des objets dont la valeur archéologique n'est pas toujours évidente et qui, hélas, n'ont pas toujours été conservés.

La reconstitution de l'histoire de la métallurgie s'appuie en grande partie sur des données de laboratoire relatives à la composition et à la microstructure des artefacts. Convenablement interprétées, ces analyses peuvent révéler aux archéologues quel fut le mode de fabrication d'un artefact et quel en fut le matériau. Toutefois, ces études étant essentiellement effectuées en laboratoire, rares sont ceux qui en perçoivent la portée archéologique, et plus rares encore ceux qui en connaissent le langage.

Pour ma part, j'ai assimilé cette terminologie en travaillant dans l'industrie métallurgique lorsque, par pur plaisir, j'ai entrepris de défricher l'histoire de mon secteur professionnel. J'ai ainsi découvert que, en dépit de l'ancienneté séculaire de cette histoire, on ne pouvait en retrouver les sources dans les livres, mais seulement dans les musées — au travers des objets d'art qui y sont exposés.

Peut-être aurais-je dû pressentir plus tôt cet état de fait. Pour transformer un concept abstrait en objet d'utilité sociale, il faut un esprit ingénieux et pratique. Mais l'innovation proprement dite fait appel à la sensibilité et à la perspicacité de l'artiste. Ainsi, les métaux ne furent pas découverts parce que tel ou tel artisan de l'âge de pierre chercha à obtenir un outil plus perfectionné, puisque cette démarche n'aboutit qu'à l'élaboration d'outils en pierre ou de bâtons modelés de manière plus ingénieuse. En réalité, les métaux firent leur apparition parce que, des millénaires avant notre ère, un artiste intuitif se laissa séduire par la beauté et la spécificité d'une pierre. En conséquence, bien qu'une industrie de grande envergure se fût développée ultérieurement grâce à ce premier élan créateur, et bien que les métaux eussent transformé finalement presque tous les domaines de l'activité humaine, les innovations successives dans la technique du travail des métaux procédèrent presque toujours des arts décoratifs. Cet ouvrage se propose d'expliciter ce processus fascinant.

**Cyril Stanley Smith**
Institut de Technologie du Massachusetts

# Chapitre un : L'apparition des métaux

L'histoire des métaux est jalonnée de joies et de peines, de frustrations et de succès. C'est l'épopée d'hommes étranges, inventifs, s'acharnant, la sueur au front, pendant des millénaires, sur des matériaux si mystérieux que leur métier suscita bien des frayeurs teintées de superstition. Mais, finalement, pendant une dizaine de milliers d'années, les hommes qui firent chauffer et fondre divers matériaux qu'ils martelèrent leur vie durant par une chaleur accablante apprirent à maîtriser le métal en fusion et, par là même, ouvrirent la voie au monde moderne. De nos jours, le cadre dans lequel nous vivons et travaillons, les machines grâce auxquelles nous multiplions notre force, les outils avec lesquels nous créons — relèvent tous de la découverte du métal.

Et, pourtant, il y eut une époque — relativement récente eu égard à l'ancienneté de l'humanité — où l'homme ignorait tout du métal. Certes, il savait broyer certaines matières minérales colorées, comme la malachite vert émeraude, l'hématite vermillon dont il se servait comme colorants pour se teinter le visage et le corps ou couvrir de peintures rupestres les parois des grottes où il vivait. Désormais, nous savons que, à une température élevée, la malachite se transforme en cuivre; nous savons aussi que l'hématite constitue l'un des principaux minerais de fer. Mais, pendant des siècles, l'homme de l'âge de pierre n'exploita ces minerais qu'à titre décoratif.

Il n'en reste pas moins que, sans l'apport des métaux, l'homme avait déjà considérablement évolué. Au Proche-Orient, où la métallurgie naquit voilà plus de 10 000 ans, l'homme de l'âge de pierre était sur le point de créer les premières civilisations urbaines. Autour du Croissant fertile, sur les collines du littoral méditerranéen oriental

*Ce masque funéraire grandeur nature du jeune roi égyptien Toutankhamon, avec lequel il fut inhumé en 1343 avant J.-C., est l'une des pièces d'orfèvrerie les plus célèbres du monde entier. Façonné en or battu, il possède des yeux et des sourcils qui sont incrustés de lapis lazuli. Le vautour et le cobra en émail qui surmontent la couronne correspondent aux emblèmes de la Basse-Égypte et de la Haute-Égypte, respectivement.*

et de la vallée de Mésopotamie, il s'était déjà sédentarisé et avait installé les premières communautés agricoles. Il y plantait et récoltait du blé et de l'orge, y élevait des troupeaux de moutons et de chèvres. Il se servait d'outils de pierre, de corne et de bois très efficaces qu'il façonnait à sa guise. L'un de ses couteaux en obsidienne, par exemple, roche dure d'origine volcanique, semblable au verre, pouvait être aussi tranchant qu'un couteau en acier actuel.

C'est pourquoi les métaux entrèrent dans la vie des êtres humains par la petite porte. Il faudra attendre plusieurs siècles pour que leur potentiel devienne manifeste et, ce, conformément à un processus évolutif analogue à celui de l'évolution même de l'humanité.

« Presque toutes les propriétés de la matière exploitables industriellement et les manières de modeler les matériaux eurent leurs origines dans les arts décoratifs », écrit le Pr Cyril Stanley Smith, éminent historien de la métallurgie. « La fabrication d'objets de parure en cuivre et en fer est manifestement antérieure à leur utilisation en tant qu'armes, de même que les figurines en argile cuite précèdent les poteries à usage domestique... Le premier élan créateur est, semble-t-il, une expérience esthétique. »

En remontant le cours de la préhistoire, le Pr Smith aperçoit, en arrière-plan de toute société technologique, la silhouette d'un homme considéré au mieux par ses contemporains comme un marginal. Stimulé par sa curiosité d'esthète, l'artisan entreprend d'exploiter les métaux dans un but précis. C'est le précurseur des forgerons, des puddlers, des fondeurs, au visage marqué par le feu, au corps musclé couvert de suie, qui lui succédèrent.

Personne ne sait exactement dans quelle région les premiers forgerons commencèrent leur activité. En général, le métal fut, à l'origine, uniquement travaillé à froid par martelage, à l'aide d'un percuteur en pierre sur une enclume en pierre — mais aucune preuve n'a subsisté. Des millénaires s'écoulèrent avant que le feu ne soit associé à la détrempe et au façonnage des métaux. Les archéologues ne peuvent même pas affirmer que les sites ayant livré les tout premiers artefacts correspondent bien à leur lieu de fabrication.

Les métaux suscitèrent presque aussitôt une telle curiosité et acquirent une telle valeur qu'ils furent instantanément troqués et diffusés à grande échelle. En fait, les plus grands forgerons de l'antiquité, ne disposant pas localement de tel ou tel minerai, durent importer leurs matières premières. Sumer, civilisation qui connut son apogée entre 3 500 et 1 800 ans avant notre ère dans l'immense plaine enserrée par le Tigre et l'Euphrate, fit venir ses métaux des hautes terres avoisinantes — les massifs du Zagros à l'est, ceux du Taurus au nord, voire le massif d'Elbourz qui borde le littoral méridional de la mer Caspienne. L'Égypte, pour sa part, bien que disposant de riches gisements d'or, dut importer tout son cuivre et son argent. Peut-être le besoin en métal incitat-il les habitants de l'Égypte ancienne à construire des bateaux à voile et à devenir navigateurs; leur argent était peut-être importé de Syrie; leur cuivre provenait de l'île de Chypre et leur malachite était extrait des riches gisements localisés dans le désert du Néguev, en Israël *(pages 45-53),* d'où il était sans doute acheminé en lingots à partir d'un port situé dans le golfe d'Akaba.

On ignore dans quelle région l'homme exploita pour la première fois le métal, et on ne sait toujours pas quel fut ce métal. Certains archéologues penchent en faveur du cuivre en raison de son abondance dans les régions limitrophes des lieux où vécurent et travaillèrent les tout premiers forgerons, d'autres penchent en faveur de l'or en raison de son attrait intrinsèque. Sans doute des hommes virent-ils des pépites d'or briller dans le lit sablonneux des torrents ou étinceler à même les versants des rochers baignés par les pluies. Malheureusement, aucun artefact ne vient confirmer cette hypothèse, probablement parce que l'or fut de tout temps considéré comme précieux. La plupart des premiers objets en or furent fondus soit pour obtenir quelque nouveauté, soit, cas relativement fréquent, pour déguiser un vol. Plus que tout autre métal peut-être, l'or a été travaillé et retravaillé pendant des siècles. Inaltérable, il reste identique à lui-même en dépit des innombrables transformations auxquelles il peut être soumis. Rien n'interdit donc d'imaginer que le plombage d'une dent moderne a peut-être fait partie jadis d'un peigne rutilant glissé dans la chevelure d'une princesse égyptienne.

Quel que soit le métal (or ou cuivre) exploité pour la première fois par l'homme, il est incontestable que l'éternel brillant de l'or lui valut d'être préféré pour les ornements. Les Égyptiens en particulier lui vouèrent un véritable culte. Ils le considéraient comme le « corps des Dieux » et ne reculèrent devant aucun moyen pour s'en procurer. L'une de leurs principales sources d'approvisionnement fut la Nubie, la « terre de l'or », région désolée, montagneuse, située dans le Sud du pays, à laquelle il n'était possible d'accéder qu'en traversant un désert extrêmement aride. Dans cette région, dénommée par certains la « Sibérie de l'Égypte », travaillaient des criminels et des prisonniers dans plus d'une centaine de mines. Enchaînés les uns aux autres, surveillés sans discontinuité par des soldats, ils assumaient diverses tâches, entre autres l'extraction et la purification de l'or.

L'or tant convoité gisait dans des veines de quartz. Il leur fallait donc creuser des puits profonds à même la roche et porter le quartz à haute température pour le rendre suffisamment cassant et l'extraire. Travaillant sans relâche, à la lueur de lampes minuscules, des hommes détachaient à coups de houes la pierre des parois des mines, cependant que des enfants transportaient les blocs ainsi extraits pour les remettre à des ouvriers qui travaillaient à l'air libre. Réduit en grains gros comme des lentilles dans des mortiers en pierre, le quartz aurifère était ensuite broyé en poudre par des femmes et des vieillards dans des meules en pierre rudimentaires, dites « moulins à bras ». La poussière obtenue était alors lavée à grande eau sur des tables en bois inclinées; l'eau

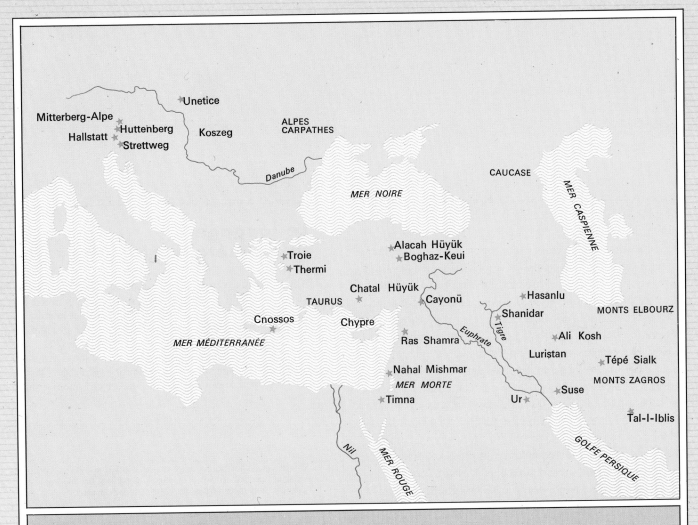

Mitterberg-Alpe · Unetice · Hallstatt · Huttenberg · Strettweg · Koszeg · ALPES CARPATHES · Danube · ALPES CARPATHES · MER NOIRE · CAUCASE · MER CASPIENNE · Troie · Thermi · Alacah Hüyük · Boghaz-Keui · Chatal Hüyük · Cayonü · Hasanlu · Shanidar · MONTS ELBOURZ · TAURUS · Cnossos · Chypre · Euphrate · Tigre · Ali Kosh · Luristan · Tépé Sialk · Ras Shamra · MER MÉDITERRANÉE · Nahal Mishmar · MER MORTE · Timna · Ur · Suse · MONTS ZAGROS · Tal-I-Iblis · Nil · MER ROUGE · GOLFE PERSIQUE

## CENTRES D'EXTRACTION DES MÉTAUX DE L'ANCIEN MONDE

Les principaux sites et secteurs importants de l'Ancien Monde mentionnés dans cet ouvrage figurent sur cette carte qui va des Alpes au golfe Persique. Sur la légende de droite, sont précisés les métaux — cuivre, bronze ou fer — auxquels sont associés ces sites. Tous ne furent pas des centres d'exploitation. Certains, comme l'île de Chypre, où abondaient les gisements de cuivre, ne furent que des centres d'extraction en vue de la fusion. D'autres, comme Nahal Mishmar (ou grotte du Trésor, *pages 58-59*) en Israël, ont livré nombre d'artefacts en métal, mais il n'a pu être prouvé qu'ils avaient été fabriqués sur place. La période envisagée est de 9 000 ans, puisqu'elle commence avec la découverte, en 1960 *(page 32)*, dans la grotte de Shanidar située en Irak d'un pendentif ovale en cuivre datant de 9 500 ans avant notre ère, et finit avec Hallstatt en Europe, centre d'extraction du fer qui connut une grande activité entre 750 et 500 ans avant J.-C.

| | Cuivre (●) | Bronze (▲) | Fer (■) | |
|---|---|---|---|---|
| ● | ▲ | ■ | Alacah Hüyük |
| ● | ▲ | | Ali Kosh |
| | | ■ | Boghaz-Keui |
| ● | | | Chatal Hüyük |
| ● | | | Cayonü |
| ● | | | Chypre |
| | ▲ | ■ | Hallstatt |
| ● | ▲ | ■ | Hasanlu |
| | | ■ | Huttenberg |
| | | ■ | Cnossos |
| ● | ▲ | | Koszeg |
| | ▲ | | Luristan |
| ● | | | Mitterberg-Alpe |
| | ▲ | | Nahal Mishmar |
| | ▲ | ■ | Ras Shamra |
| ● | | | Shanidar |
| | ▲ | | Strettweg |
| ● | ▲ | | Suse |
| ● | ▲ | | Tal-I-Iblis |
| ● | | | Tépé Sialk |
| | ▲ | | Thermi |
| ● | | | Timna |
| ● | ▲ | | Troie |
| | ▲ | | Unetice |
| ● | ▲ | ■ | Ur |

● CUIVRE
▲ BRONZE
■ FER

entraînait les particules de quartz et laissait derrière elle l'or plus lourd.

En un second temps, la poudre d'or de Nubie était fondue et purifiée en étant chauffée pendant cinq jours de suite dans des récipients en argile où étaient également versées d'autres substances nécessaires au traitement. A la fin de l'opération, seul l'or restait au fond du récipient d'où l'on avait déjà enlevé les traces des autres métaux, et notamment d'argent. L'or fondu était alors modelé en anneaux de 12,5 cm de diamètre, puis acheminé à dos d'âne jusqu'en Égypte, dans des conditions souvent périlleuses. Des voleurs, qui connaissaient bien les itinéraires, pillaient les caravanes. On sait qu'un convoi fut à lui seul escorté par un peloton de 400 soldats.

Une fois parvenu en Égypte, l'or était solennellement pesé sur les plateaux d'une balance affectée exclusivement à cette fin — alors qu'une denrée plus prosaïque comme le blé était mesurée au boisseau, le cuivre étant, lui, simplement compté au lingot. Une fois sa valeur fixée, l'or était à nouveau fondu et coulé dans des moules de diverses grandeurs. Les blocs durcis étaient alors distribués à des artisans qui les transformaient à leur gré. S'aidant d'outils aussi rudimentaires qu'un percuteur et une enclume en pierre, ils martelaient l'or pour lui donner une multitude de formes immédiatement exploitables — entre autres fils, feuilles et tiges — à partir desquelles ils confectionnaient chaînes, bijoux, vases, coupes, plats, ainsi que de multiples objets précieux destinés au pharaon, aux prêtres et aux citoyens nantis du royaume. Leurs talents atteignaient d'ailleurs un tel degré de perfection que rares sont de nos jours les orfèvres capables d'exécuter des répliques de leurs réalisations.

L'or joua, dans l'Ancien Monde, un rôle purement décoratif. Le cuivre, par contre, fut utilisé à des fins plus pratiques. Et c'est la raison pour laquelle les archéologues ont attribué au premier âge des métaux, c'est-à-dire à celui qui débuta 6 000 ans avant notre ère, le nom d'âge du cuivre. En réalité, quoique commode, cette

# Le langage de la métallurgie

Afin de mieux comprendre le mode de vie des anciens métallurgistes — qu'il convient de ranger parmi les premiers spécialistes de l'histoire de l'humanité —, experts et historiens ont, au fil des années, employé une terminologie spécifique pour définir les matériaux, les outils et les techniques. Le glossaire qui figure ci-dessous comporte une liste des termes usités dans cet ouvrage avec leur définition générale. Tous font l'objet d'explications exhaustives au fur et à mesure du texte.

**Alliage.** Association de deux ou de plusieurs métaux combinés en permanence par fusion; ou agglomération de métaux avec des produits non métalliques, tels que cuivre et arsenic.

**Bloom.** Lors des premières phases du traitement, masse de fer poreuse, impure, obtenue par smeltage.

**Bosselage.** Procédé utilisé pour décorer une feuille de métal avec un motif en relief.

**Cémentation par le carbone.** Transformation du fer en acier survenant lorsque le fer chauffé absorbe le carbone émis par du charbon de bois. Opération appelée parfois aciérage.

**Ciselage.** Ornementation de la surface d'un objet métallique par incision à l'aide d'un outil tranchant.

**Décapant.** Solution acide qui dissout les éléments indésirables de la surface des objets métalliques.

**Dorure industrielle.** Opération qui consiste à traiter chimiquement un objet en alliage d'or pour supprimer de sa surface toute trace d'éléments autres que l'or.

**Fondant.** Substance, telle que limon ou sable, que l'on ajoute aux lits de fusion dans le but de séparer la gangue du métal. Également, substance non métallique qui favorise la fusion du métal au moment du soudage.

**Fonte à cire perdue.** Procédé de moulage au cours duquel un modèle en cire est utilisé en tant que matrice pour façonner un moule.

**Frittage.** Agglomération à l'état solide de métaux granulés ayant différents points de fusion en ne fondant que l'un d'entre eux.

**Fusion.** Extraction du métal de son minerai par chauffe.

**Gangue.** Résidus résultant de la fonte d'un minerai.

**Grenetage.** Décoration de la surface d'un artéfact en métal par fixation de minuscules rosaces en or.

**Mise en forme.** Technique qui consiste à modeler des récipients creux en relevant par martelage les faces d'une feuille ou d'un disque plat.

**Moulage.** Modelage d'objets par coulée de métal fondu dans des moules.

**Oxyde.** Composé chimique résultant de la combinaison d'un corps avec l'oxygène.

**Paquetage.** Soudage de plusieurs pièces de fer carburé pour obtenir une pièce unique prête à servir.

**Rebord.** Nervure ou bourrelet renforçant un objet en un endroit précis.

**Recuit.** Adoucissement d'un métal à forte température.

**Réduction.** Élimination de l'oxygène d'un oxyde métallique pour obtenir un métal à l'état pur.

**Sarbacane.** Tube servant à insuffler de l'air sur un feu afin d'accroître l'intensité d'un foyer.

**Tumbaga (tombac).** Alliage de cuivre et d'or.

**Tuyère.** Conduit réfractaire, en général en argile, servant à orienter l'air insufflé par un soufflet ou une sarbacane dans un four.

appellation, comme celles de l'âge de pierre, l'âge du bronze et l'âge du fer, présente des limites indéniables. Toutes ces expressions subdivisent l'histoire en périodes chronologiques nettement distinctes, dont chacune se trouve identifiée par le principal matériau de fabrication des outils.

En fait, les premiers forgerons ne passèrent pas aussi méthodiquement d'un matériau à l'autre. Dans telle région et à telle époque, certaines peuplades pouvaient fort bien se servir encore d'outils en pierre, alors que dans un autre endroit d'autres avaient déjà opté pour le bronze. En outre, sur certains territoires, les hommes ne connurent pas toutes les phases de ces différents âges : la Chine, par exemple, n'eut jamais ce qu'on pourrait appeler un âge du cuivre, mais passa presque directement de la pierre au bronze. La Grande-Bretagne suivit la même évolution. Au Japon, le bronze et le fer apparurent presque simultanément, certains experts estimant même que, dans cette région du globe, le fer précéda le bronze. Dans le Nouveau Monde, par contre, la pierre ne cessa d'être le principal matériau de fabrication des outils qu'au moment de l'invasion espagnole au XVIᵉ siècle — encore que les peuples indigènes du Mexique, de l'Amérique centrale et latine non seulement connaissaient parfaitement les métaux, mais étaient en fait d'excellents orfèvres.

Il est aussi difficile de retracer le processus grâce auquel la plupart des hommes apprirent à connaître les métaux que de préciser ceux qu'ils travaillèrent pour la première fois. Les métaux furent-ils découverts indépendamment en plusieurs périodes et en plusieurs endroits ou leur découverte eut-elle lieu en une seule région et fut-elle transmise par voie orale et par l'imitation, grâce à ce que les archéologues appellent la « diffusion » ?

Au cours de ces dernières années, nombre d'archéologues ont acquis la conviction que les grandes étapes de l'évolution de l'humanité — des événements comme la culture des céréales et la naissance de l'écriture — s'imposèrent à diverses époques, dans des régions fort éloignées les unes des autres. Auparavant, les experts

# Les techniques égyptiennes par l'image

Les Égyptiens furent parmi les plus émérites des premiers métallurgistes. Sur les scènes qui figurent ci-contre — inspirées des bas-reliefs et peintures murales des sépultures —, on peut voir des artisans en train d'exécuter toutes sortes de travaux spécialisés, allant de la confection de bijoux délicats *(extrême droite)* à la coulée de portes massives en bronze *(scène ci-dessous)*.

Le travail était dur et pénible. Les hommes, couverts de sueur, ressemblaient — selon la formule pittoresque d'un texte égyptien — à « des œufs de poissons que l'on fait cuire », et leurs mains, crevassées par la chaleur, étaient si rugueuses qu'on aurait dit de « la peau de crocodile. » Et pourtant, apparemment, ces hommes ne se laissèrent pas décourager par les contraintes de leur métier et se virent récompenser de leurs efforts par leurs contemporains. C'étaient les orfèvres qui jouissaient de la plus grande estime générale. Souvent, des familles entières se consacraient au travail des métaux, transmettant leur acquis de père en fils pendant plusieurs générations.

*Soufflant dans des sarbacanes en roseau enduites d'argile, quatre fondeurs agenouillés insufflent de l'air sur un foyer qui se consume sous un creuset en argile rempli de métal fondu. En raison de la chaleur et des efforts requis, cette opération était accomplie par six hommes au moins qui travaillaient à tour de rôle.*

*Ce dessin, extrait d'une série de scènes décrivant la coulée de portes en bronze, dépeint un artisan ratissant les braises tandis que deux autres attisent les flammes en piétinant des soufflets. Pour remplir d'air les outres, ils tirent sur des cordons et, pour chasser l'air, ils les compriment alternativement d'un pied et de l'autre.*

*Les hommes retirent du feu un creuset de bronze fondu à l'aide d'un dispositif rappelant des pincettes, fait de deux baguettes de bois vert. Fraîchement coupées, elles sont non seulement plus souples que du bois sec, mais leur sève les rend également réfractaires. Derrière ces artisans, on peut voir une pile de charbon de bois.*

Voici deux étapes de la fabrication des métaux: un ouvrier, les mains protégées par des tampons en pierre, verse dans un moule le métal fondu d'un creuset, pendant que deux fondeurs manient des percuteurs en pierre pour aplatir un morceau de métal qu'ils rendront plus malléable, en le faisant recuire de temps à autre.

Sur les deux dessins ci-dessus, deux artisans — manifestement des nains — incurvent un lourd collier d'or pour en rapprocher, semble-t-il, les extrémités du fermoir. En Égypte ancienne, les nains étaient connus pour leur dextérité; aussi étaient-ils souvent sollicités pour accomplir des travaux délicats et complexes.

Emportant leur creuset incandescent jusqu'à un grand moule en argile où sera fabriquée une porte en bronze, deux forgerons versent le bronze fondu dans l'un des évents cupulaires du moule. Les gaz s'échappaient par d'autres évents dès qu'une nouvelle couche de métal fondu était versée sur les couches déjà solidifiées.

Venant approvisionner les fondeurs en combustible et en métaux, un homme déverse un sac de charbon de bois tandis que deux autres apportent des lingots de cuivre. Trois autres artisans, avançant côte à côte (en haut, à gauche), brandissent avec fierté leurs outils de travail. Près d'eux, sont dessinés les battants des portes en bronze.

croyaient le contraire, imaginant que les découvertes les plus décisives avaient eu lieu en une seule et même localité et, de là, avaient gagné les autres régions. Des critiques ont avancé que, si tel avait été le cas, la peuplade vivant dans cet endroit aurait dû être beaucoup plus évoluée que tout autre groupe qui lui était contemporain. Qui plus est, des trouvailles archéologiques récentes tendent clairement à prouver que l'agriculture et l'écriture furent découvertes indépendamment par différents groupes de peuplades vivant à des milliers de kilomètres les unes des autres.

Quoi qu'il en soit, pour ce qui est de la métallurgie, on sait désormais que, étant donné la complexité des techniques, cet artisanat se répandit effectivement à partir du berceau de la civilisation, sur tous les territoires de l'Ancien Monde. Tout l'acquis des diverses peuplades du Proche-Orient en métallurgie se propagea non seulement vers l'ouest jusqu'au continent européen et, de là, jusqu'aux îles Britanniques, comme on le verra dans les chapitres ultérieurs de cet ouvrage, mais aussi vers l'est, jusqu'au sous-continent indien et, éventuellement, par quelque voie de communication inconnue, jusqu'en Chine et en Asie du Sud-Est.

Quel que soit le mode d'expansion du métal, sa diffusion fut favorisée par les progrès que fit l'homme dans la conquête du feu. De même qu'il avait compris quelques siècles auparavant que le feu réchauffait sa grotte et cuisait sa nourriture, il découvrait maintenant, par hasard sans doute, qu'un métal chauffé, le cuivre par exemple, pouvait aisément être modelé. Ce traitement appelé recuit, le plus simple qui existât en métallurgie, lui permettait de continuer à marteler le cuivre alors que, normalement, il se serait durci et serait devenu cassant. La chaleur, en particulier la chaleur intense d'un feu alimenté par du charbon brûlant dans un espace clos, laissait aussi présager la fusion et, par-là même, l'extraction des métaux de leur gangue. La fusion à son tour permettait d'extraire de plus grandes quantités de cuivre. Dès 4 000 ans avant J.-C., utilisant une

*Suite du texte page 21*

# Des métaux et des minerais qui modelèrent le monde

L'homme moderne considère le métal comme quelque chose d'indispensable dont il ne pourrait se passer. Mais, pour les peuplades qui vécurent voilà 12 000 ans, certains métaux bruts eurent essentiellement une fonction décorative. Puis le travail archaïque de bibelots brillants au Proche-Orient conduisit à la confection d'outils métalliques primitifs *(page 32)*, et permit d'ouvrir la voie à une révolution qui changera à jamais le cours de l'histoire.

Sur cette page ainsi que sur les pages suivantes sont représentés quelques métaux et minerais exploités par les premiers fondeurs. Quelques-uns seulement, l'or par exemple *(en bas, à droite)*, existent à l'état presque pur dans la nature; d'autres doivent être affinés ou alliés pour être transformés en des matériaux exploitables. Il faudra, toutefois, attendre l'invention de la fusion 4000 ans environ avant notre ère pour que les minerais puissent être véritablement exploités. Grâce à cette fusion, une nouvelle technologie va se développer qui conduira aux utilisations modernes des métaux.

*Dès les débuts de la métallurgie, l'or et l'argent, de par leur malléabilité et leur éclat, exercèrent sur les hommes un attrait indéniable. Les plus anciens objets « en or », furent, toutefois, semble-t-il, faits d'électrum (en haut, à droite), alliage naturel d'or et d'argent. Dans de nombreuses régions, l'argent — que l'on trouve rarement à l'état pur comme l'or — fut considéré comme le métal le plus précieux.*

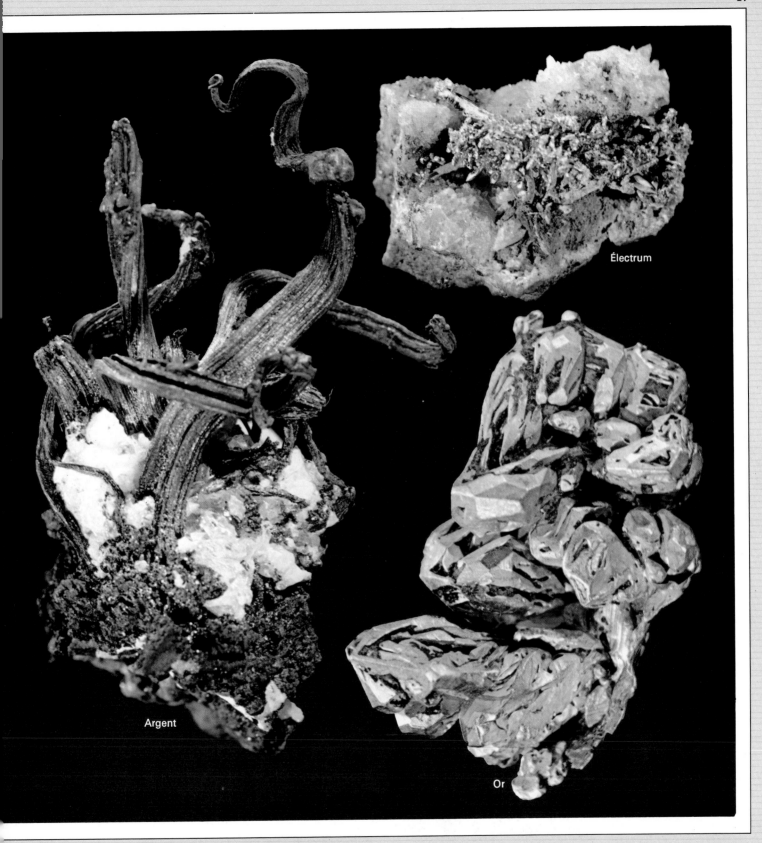

Argent

Électrum

Or

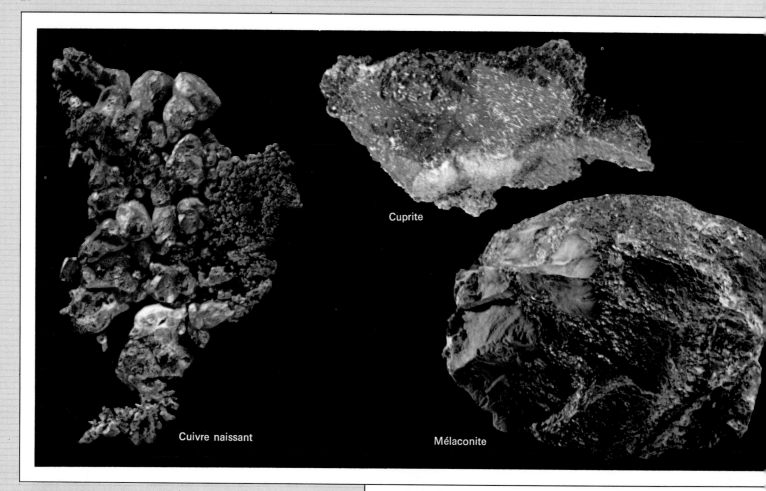

Cuprite

Cuivre naissant

Mélaconite

### Les cuivres aux multiples couleurs

*Pendant la préhistoire, les gisements de cuivre furent relativement
importants au Proche-Orient et les premiers fondeurs surent très
vite déceler le potentiel du métal pour la fabrication d'outils et d'armes,
en sus des objets décoratifs. Au départ, ils n'exploitèrent que du
cuivre pur (extrême gauche) ; puis, grâce à la fusion, ils
extrayèrent le cuivre de ses minerais, entre autres la cuprite, la
mélaconite, l'azurite et la malachite. La chalcopyrite et la bornite
sont plus connues, mais gisent en profondeur et se prêtent moins
bien à la fusion. On comprend donc pourquoi ces minerais ne furent
véritablement exploités qu'après le second millénaire avant notre ère.*

### Les composants du bronze

*Le bronze est l'alliage que l'homme élabora en premier
et, ce, sous forme de cuivre arsénié. Au début, il se peut
que deux arséniures naturels du cuivre, la domeykite et l'algodonite
(extrême droite) aient été utilisés. Mais, dès que les hommes
découvrirent qu'un minerai d'étain comme la cassitérite (à droite),
alliée au cuivre, permettait d'élaborer un bronze plus résistant
et plus facile à couler, l'étain supplanta rapidement l'arsenic.
En 2000 ans avant notre ère, les bronziers sumériens étaient parvenus
à une telle maîtrise de leur art qu'ils réussissaient à doser
la teneur en étain du métal en fonction des résultats recherchés.*

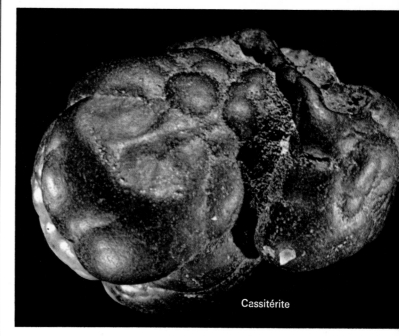

Cassitérite

Azurite

Chalcopyrite

Malachite

Bornite

Domeykite

Algodonite

Fer météorique

Goethite

Limonite oolithique

Magnétite

Hématite

**Le fer, métal à la portée de tous**

*Le fer est, après l'aluminium, le métal
dont les gisements sont les plus abondants
dans l'écorce terrestre. Et, pourtant, à
l'origine, on ne le trouvait que sous sa forme
météorique (en haut, à gauche). Les
Sumériens l'appelèrent le « métal céleste. »
Dès 1200 avant J.-C., quand les fondeurs
surent l'extraire par fusion de ses minerais,
dont quatre sont représentés ci-contre, le
métal, grâce à cette abondance naturelle,
devint accessible à tous.*

forme archaïque de fusion, on parvint à extraire l'argent et le plomb de leurs minerais; 3 000 ans avant notre ère, les minerais d'étain furent eux aussi fondus, facilitant l'élaboration d'un alliage d'étain et de cuivre : le bronze; 2 700 ans avant notre ère, des forgerons réussissaient à obtenir des températures suffisamment élevées pour fondre le fer.

Non contents d'extraire par fusion les métaux de leurs minerais, ils apprirent à les liquéfier, à partir de quoi il fut possible de les couler dans des moules. La fabrication d'objets métalliques, en particulier d'outils, s'intensifia rapidement.

Toutes ces innovations allaient rapprocher les peuples les uns des autres. Le besoin de se procurer des métaux incita les hommes à partir en quête de minerais. Cette prospection stimula à son tour l'échange des marchandises et des idées entre peuplades disséminées sur l'ensemble du globe. Un commerce actif des métaux — vendus sous forme de minerais bruts, de lingots grossièrement coulés ou de produits finis — provoqua une élévation du niveau de vie de l'ensemble des habitants du Proche-Orient, de l'Europe et de l'Asie, en particulier de celui des peuplades vivant à proximité des gisements ou des routes commerciales.

En outre, les métaux stimulèrent les contacts internationaux, et ce, grâce à un autre facteur : le forgeron lui-même. Les qualifications requises par son métier firent de cet artisan un spécialiste qui ne resta pas confiné dans une seule peuplade. De génération en génération, de millénaire en millénaire, le forgeron itinérant exerça son métier là où il pouvait être le plus rentable; personnage indépendant et mystérieux, il diffusa son savoir en même temps que ses produits. Son talent lui servait de passeport : quand il découvrait les minerais dont il avait besoin, il construisait sur place un petit four pour les y fondre. C'est ainsi qu'il a laissé derrière lui les traces de son passage, sur tous les territoires de l'Ancien Monde, sous forme de crassiers et, occasionnellement, de ruines d'un fourneau à l'intérieur duquel

il est encore possible de retrouver la masse métallique calcinée et spongieuse résultant d'une fonte infructueuse. De nos jours, on rencontre encore sa vivante réplique sous les traits du chaudronnier ambulant qui rétame des poteries dans nos provinces, du forgeron errant du Proche-Orient qui installe son échoppe sur la place poussiéreuse de villages agricoles primitifs. On peut le voir, accroupi sur le sol, s'évertuant sur son soufflet pour attiser les flammes de son four archaïque, moulant les mêmes haches, couteaux et ciseaux que ses ancêtres qui vécurent dans un décor et des conditions analogues pendant 4 000 ans, si ce n'est plus.

A notre époque, on ne peut guère imaginer le travail auquel durent s'atteler ces forgerons errants. Toutes leurs découvertes ne s'appuyaient sur aucun précédent : aucune connaissance préalable ne pouvait les guider dans telle ou telle direction. Nous avons d'autant plus de mal à imaginer leur situation que notre vie résulte d'une longue accumulation de connaissances culturelles, d'expériences, de souvenirs; nous sommes nés dans un monde tout fait, alors que les premiers forgerons naquirent dans un monde ouvert à tous les esprits curieux et entreprenants. Ces derniers durent en effet inventer presque tous leurs outils de travail. Dans ces conditions, quel tour de force que de fabriquer une hache en cuivre coulée dans un moule ! Quel succès que de concevoir un dispositif aussi simple qu'un soufflet ! Quelle merveille que d'apprendre, par approches successives, à ajouter une quantité donnée d'étain à du cuivre fondu en vue de l'élaboration d'un bronze transformé ultérieurement en une épée tranchante !

Dans l'histoire des origines de l'homme, les forgerons sont l'une des figures les plus admirables. Patiemment, avec ténacité, ils acquirent leurs connaissances sur le tas, transmirent leur savoir par voie orale jusqu'à ce que, au temps de la Renaissance, la totalité de leur acquis suffît à remplir les pages d'un ouvrage.

Le premier volume imprimé sur la métallurgie, *Pirotechnia* fut rédigé par un Siennois, dénommé Vannoccio

Biringuccio, et publié en 1540. Biringuccio, ancien ouvrier de fonderie, était devenu architecte et sénateur. Dans son livre, il décrivit en détail les différents minerais et révéla l'emplacement présumé des principaux gisements. Il y expliqua de manière exhaustive les techniques d'alliage, de fusion et de moulage. Malgré la nature très technique de son ouvrage, Biringuccio ne put résister à la tentation de peindre avec émotion la vie du forgeron :

« Je dois avouer qu'elle est telle qu'un homme bien né, quels que puissent être son attirance ou ses dons pour ce métier, ne devrait pas le pratiquer et ne le pourrait guère à moins d'être habitué à affronter les efforts physiques et les nombreux inconvénients qu'il implique. Il lui faudrait en effet supporter aussi bien les fortes chaleurs de la saison estivale que celles, excessives et incessantes, des flammes gigantesques nécessaires à son art; il lui faudrait aussi subir, l'hiver venu, l'humidité et la froideur de l'eau. »

Et Biringuccio de poursuivre : « Celui qui désire pratiquer cet art ne doit pas être d'une nature fragile — en raison de son âge ou de sa constitution — mais, au contraire fort, jeune et vigoureux... Il ne fait également aucun doute pour moi que quiconque apprécie cet art ne manquera pas d'y voir une certaine rudesse car le forgeron ressemble toujours à un ramoneur au corps couvert de charbon et de suie... Je voudrais ajouter à cela que le forgeron doit constamment déployer une force considérable qui le fatigue et met sérieusement sa vie en danger. En outre, cet art maintient l'esprit de l'artisan dans un état d'inquiétude perpétuelle quant à ses disponibilités financières... Il n'en demeure pas moins un art à la fois de rapport et d'adresse, et en grande partie agréable. »

Sans doute est-ce l'impression qu'éprouvèrent également les tout premiers hommes qui travaillèrent les métaux.

# Survivance d'une industrie millénaire

Comme le forgeron du village de Long-fellow, avec ses « mains trapues et musclées », les fondeurs du monde entier occupèrent une place à part dans l'échelle sociale — certains étant adulés pour leurs talents, d'autres méprisés parce qu'ils « gagnaient leur pain à la sueur de leur front. » Pourtant, on voyait en eux les détenteurs d'un savoir mystérieux qui, à certaines époques, les fit apparaître comme des magiciens. Leurs techniques de fusion et de liquéfaction des métaux ont été transmises intactes au fil des âges, conjointement à bien d'autres techniques.

Actuellement, dans certains pays du Proche-Orient et de l'Asie, où la production de masse n'est pas encore très répandue, des hommes perpétuent toujours les anciennes traditions du travail des métaux. L'argenteur à la barbe vénérable *(photographie de droite)*, qui vit dans un village isolé à proximité de la frontière russo-afghane, par exemple, ainsi que tous les autres métallurgistes représentés sur les pages suivantes, font appel à des techniques inchangées depuis plusieurs millénaires.

*Soufflant dans une sarbacane, cet argenteur afghan couvert d'un turban attise les flammes de son foyer. Dans le même temps, il se sert d'une pince pour tenir des pépites d'argent au-dessus des cendres incandescentes afin de ramollir et de faire fondre le métal. Son travail et ses outils ne diffèrent guère de ceux qu'utilisèrent les fondeurs, il y a environ 5 000 ans.*

Cet artisan iranien (à gauche), assis à
califourchon sur un chevalet robuste
lui servant à la fois d'établi et d'enclume,
apporte à une marmite les dernières
finitions en la martelant. Il travaille
à Kashan, village situé entre Téhéran
et Ispahan, ancien centre d'exploitation
des métaux depuis des millénaires.

Un groupe d'artisans indiens (en bas)
esquisse des motifs à l'aide de martelets
et de poinçons sur des vases et des plats en
cuivre. Dénommé ciselure, ce procédé
d'ornementation est encore amplement
pratiqué sur l'ensemble des territoires
du Proche-Orient et en Inde.

26

Ces ouvriers enturbannés, retranchés sur un haut-plateau des chaînes montagneuses de l'Hindou Koush en Afghanistan, lavent le gravier à la batée pour en extraire l'or du fleuve Kokcha. L'homme que l'on voit à l'extrême gauche écarte les blocs de pierre les plus volumineux pour que les « pailleurs » puissent ramasser à la pelle le gravier qui contient les paillettes d'or. Ensuite, ils agiteront ce gravier dans des bacs à eau. L'or, plus lourd que la roche, tombera au fond du récipient.

Maniant du fer fondu, deux Afghans (en bas) coulent au plus vite des socs de charrue, en s'inspirant d'une technique vieille d'au moins vingt-cinq siècles. Alors qu'un fondeur (à droite) porte le métal liquide, son partenaire prélève les scories qui sont remontées à la surface. Tous deux verseront ensuite le fer dans des moules (premier plan) qui ont été creusés dans le sable humide.

Dans un village du Nord-Est de l'Inde, où nombre d'habitants exercent le métier de fondeurs, deux hommes (à droite) forgent différemment un soc de charrue. Le fondeur qui se trouve à gauche s'apprête à couper le fer encore rouge avec un « ciseau à froid », tandis que l'artisan posté à sa droite se prépare à frapper ce burin de son marteau pesant.

Imaginons une paire de jumelles pourvue d'objectifs capables de sonder le temps comme l'espace, que l'on orienterait vers l'homme qui découvrit le cuivre. Ces objectifs devraient être puissants car nous savons désormais que le point focal est un endroit éloigné historiquement et géographiquement parlant : les hautes terres du Kurdistan, au nord de l'Irak, voilà de cela quelque 12 000 ans. C'est la fin de l'après-midi et l'homme — un tailleur de pierres — remonte lentement le lit d'un fleuve à sec, les yeux baissés. Vêtu de fourrures et de sandales en cuir brut, il cherche quelque chose. Enroulée autour de sa taille, pend une bourse en cuir remplie de pierres de toutes tailles — entre autres, des silex gris et noir, avec lesquels il confectionnera des couteaux, racloirs et perçoirs.

Mais, si sa quête a été si fructueuse, pourquoi scrute-t-il toujours aussi intensément le sol? Parce que les pierres ne le laissent jamais indifférent, parce que sa curiosité à leur égard n'est jamais assouvie. Qui sait quelles richesses peut contenir le lit de ce fleuve où il a marché tant de fois auparavant ?

Justement, les pierres méritent bien l'intérêt que l'homme leur accorde. Roulées par les flots du torrent qui y coula jadis, toutes sortes de pierres, de taille et de forme différentes, jonchent le sol. Sur les rives se trouvent des blocs rocheux en saillie; certains sont teintés de reflets rouge orangé, d'autres maculés de taches vives, bleues et vert métallique, et d'autres encore veinés de granulés étincelants et friables. De nos jours, on reconnaîtrait aisément dans ces affleurements de rochers des minerais — minerais de fer, cuivre, zinc, or — mais, aux yeux de notre tailleur de pierres fictif,

*Couverte d'une patine vert-de-gris de quatre millénaires, cette tête de taureau sumérienne en cuivre — symbole de force et de fertilité — fit jadis partie d'une harpe exhumée dans le Cimetière royal d'Ur. Contraints d'importer du cuivre iranien et anatolien de par l'absence de ce métal sur leur propre territoire, les Sumériens furent parmi les premiers fondeurs à déceler les possibilités à la fois utilitaires et esthétiques que pouvait offrir ce métal.*

elles ne revêtent manifestement pas d'intérêt pour son métier. Aussi, n'y prête-t-il guère attention.

Puis, brusquement, son regard est attiré par une pierre différente, une pierre qu'il n'avait jamais vue auparavant. Sa couleur est étrange, d'un vert sombre tacheté de marron clair, sa surface est hérissée d'aspérités. L'homme se baisse, la ramasse, la soupèse dans sa main. Il la retourne à plusieurs reprises, étudiant son étrange configuration, la gratte de son ongle rugueux. Surpris par sa trouvaille, intrigué même, il jette cet objet curieux dans sa bourse en cuir et, se proposant de la travailler ultérieurement, s'en retourne vers son abri.

Bien qu'il ne le sache pas, le tailleur de pierres vient de faire le premier pas vers un monde mécanisé constitué de villes immenses, de trains rutilants traversant les continents sur des rails flamboyants, de bateaux voguant avec assurance sur les mers les plus profondes, d'avions striant les cieux de brillantes traînées blanches. Ce que cet homme a ramassé n'est pas une pierre, mais un morceau de métal — du cuivre à l'état pur. De tous les hommes qui travailleront le métal aux cours des âges — l'étudiant, le modelant suivant leurs besoins et leurs désirs —, ce sera vraiment le premier.

Cette scène imaginaire, bien entendu, ne prétend qu'évoquer ce qui aurait pu se passer. Malheureusement, l'histoire n'a laissé aucune trace du déroulement effectif de cet événement : l'écriture ne sera inventée que quelque 6 000 années plus tard. Notre tailleur de pierres avait-il déjà fabriqué de petits accessoires brillants en or? Pourquoi pas! Certains archéologues le croient en tout cas. Mais le cuivre n'en fut pas moins le premier métal que l'homme exploita à des fins utilitaires et transforma en outils et en armes qui révolutionnèrent son mode de vie. Ce n'est sans doute pas par hasard que le cuivre se trouvait en abondance dans les régions appelées à devenir bientôt le cadre de grandes civilisations.

Dans l'ensemble du Proche-Orient — Irak, Iran, une partie de la Syrie, désert du Sinaï, plaines et contreforts

*Pendentif exhumé à Shanidar, Irak; v. 9500 av. J.-C.*

*Clou incurvé retrouvé à Tal-I-Iblis, Iran; v. 4100 av. J.-C.*

de l'Anatolie —, on trouve en effet dans le rocher des filons de cuivre pur et de minerais cuprifères. Or, au cours des âges géologiques, toutes les veines affleurant en surface furent exposées aux intempéries et, au fur et à mesure de l'érosion de la terre et des roches les encerclant, des fragments de minerai de cuivre se détachèrent et tombèrent sur le sol.

Comme le morceau de cuivre ramassé par le tailleur de pierres, le métal fut parfois découvert sous forme d'arborisations, dites cuivre arborisé. Mais on le trouva aussi en minces feuilles laminées, craquelées et frangées à leur périphérie, et en blocs massifs, compacts, d'un noir pourpre, couverts de protubérances arrondies.

Pendant des milliers d'années, ces blocs, feuilles et arborisations de métal furent les seules formes de cuivre connues des hommes. Toutefois, les gisements contenaient également des minerais colorés faits d'oxydes et de carbonates de cuivre : cuprite (oxyde rouge), mélaconite (oxyde noir), malachite (carbonate vert hydraté), azurite (carbonate bleu hydraté). En profondeur, sous ces minerais oxydés, gisaient même des réserves de cuivre plus importantes sous forme de métaux sulfurés — pyrite cuivreuse ou chalcopyrite (sulfure double naturel de fer et de cuivre), chalcosine (sulfure naturel du cuivre), bornite, dit cuivre panaché car sa couleur naturelle rouge brun se ternit en bleu foncé et pourpre au contact de l'air, tétraédrite, ou cuivre gris.

Mais notre tailleur de pierres qui porte le fragment de cuivre arborisé ignore tout cela. Assis ce soir-là au coin du feu dans son abri, il pose fermement le morceau de cuivre sur son genou et le frappe d'un coup sec à l'aide d'un percuteur en pierre. Mais aucun éclat ne s'en détache. Le percuteur imprime, au contraire, une profonde entaille sur le cuivre, laissant apparaître l'éclat d'une substance rougeâtre brillante, dissimulée sous la couche superficielle. Intrigué, l'homme frappe et frappe encore, mettant à nu une plus grande surface du matériau luisant. Puis, poursuivant ses efforts, il s'aperçoit que le cuivre se laisse plus aisément travailler et incurver au

*Ces trois artefacts en cuivre — qui sont ici grossis — représentent les premières tentatives de travail des métaux par les hommes. Le pendentif ovale découvert en Irak est l'objet en métal de facture humaine le plus ancien connu jusqu'ici. Les deux clous proviennent d'Iran et sont les tout premiers objets utilitaires qui aient été préservés par le temps.*

polissoir. Les propriétés du métal — sa ductilité, sa malléabilité et son brillant, une fois que l'oxydation superficielle a été enlevée par le percuteur — durent convaincre le tailleur de pierres des qualités peu banales qui caractérisaient sa trouvaille.

Jusqu'ici nous n'avons fait que des hypothèses, mais ce qui suit est étayé par des preuves tangibles. Au cours de ces dernières années, dans de nombreuses régions du Proche-Orient et de l'Asie de l'Ouest, de l'Anatolie à l'Afghanistan et de l'Indus au Pakistan, des archéologues ont exhumé des artefacts de facture humaine — entre autres, des objets en cuivre martelé. La trouvaille la plus ancienne connue jusqu'alors est un élément de parure mis au jour dans le site de Shanidar, grotte immense située dans les massifs du Zagros, au nord-ouest de l'Irak, où furent retrouvées des preuves d'occupation humaine remontant à 100 000 ans. Explorant ce site en 1960, l'anthropologue Ralph Solecki exhuma un pendentif perforé en cuivre mesurant 2,5 cm environ de long et vieux de 9 500 ans avant notre ère *(à gauche)*.

Or, cette date correspond presque à l'époque où les habitants des environs de Shanidar commencèrent à abandonner leur vie de chasseurs-collecteurs pour devenir des proto-agriculteurs. A quelques kilomètres de la grotte, dans un site portant le nom de Zawi Chemi, des archéologues ont mis au jour le plus ancien établissement permanent connu jusqu'alors au nord de l'Irak. Les habitants de ce niveau d'occupation vivaient dans de petites huttes circulaires regroupées, dont la superstructure en torchis était faite de galets ramassés sur les rives du Grand Zab, torrent prenant sa source dans les montagnes avoisinantes. Bien que vivant des produits de la chasse, ces habitants élevaient également des moutons domestiques; leur cueillette de graminées s'était à ce point intensifiée qu'ils avaient commencé à se sédentariser. On a retrouvé des mortiers en pierre pour ϼiler le grain, des lames de faucilles en pierre aiguisées, des fragments de paniers et des nattes tressées. Le sol des huttes était également jonché de perles en corne, en malachite et en marbre, d'éléments de parure en dents d'animaux, de pendentifs d'ardoise avec des motifs incisés. En présence de ces trouvailles, on est tenté de croire que le pendentif en cuivre de Shanidar fut façonné par l'un des artisans ingénieux de Zawi Chemi.

La seconde preuve de l'utilisation du cuivre par l'homme fut découverte à plusieurs centaines de kilomètres de là, et 2 300 ans la sépare du pendentif de Shanidar. En 1964, dans un site turc portant le nom de Cayönü Tepesi en Anatolie sud-orientale, les archéologues Robert Braidwood et Halet Cambel découvrirent quatre objets en cuivre. Deux d'entre eux ressemblaient à un clou archaïque — dont une extrémité était émoussée et l'autre pointue. Le troisième était incurvé et doté d'une double pointe, comme un hameçon *(page 32)*. Le quatrième était un morceau de cuivre que l'on avait martelé en pointe et qui avait sans doute servi de perçoir ou d'alène. Tous quatre dataient de 7 200 ans avant J.-C.

Est-ce à dire qu'entre Shanidar et Cayönü la connaissance du cuivre ne progressa pas ? Il serait sans doute inexact de l'affirmer. Certes, le métal n'avait pas encore marqué la civilisation de manière notoire, mais les hommes avaient déjà évolué en maints domaines. A Cayönü, ils élevaient non seulement des moutons domestiques, mais aussi des porcs et vraisemblablement des chèvres. Déjà ils avaient commencé à planter du blé sauvage. Certes, ils ne savaient pas encore cuire leurs poteries, mais ils connaissaient déjà l'art de modeler des briques de boue; leurs habitations reposaient sur de solides fondations en pierre, aux sols soigneusement carrelés. Il se peut donc que le cuivre — utilisé pour la fabrication d'outils — ait également contribué à leur rendre la vie plus facile.

Un millénaire sépare Cayönü des autres objets de cuivre mis au jour par les archéologues... Cependant, les découvertes concernant la période qui va de 6 500 à 5 200 ans avant J.-C. sont plus nombreuses et s'étendent sur tout le Proche-Orient. Il semblerait donc que l'ensemble du territoire — et non pas un individu ou un village isolé — ait brusquement découvert le métal. Dans les horizons les plus anciens de Chatal Hüyük, agglomération turque située dans le Sud de l'Anatolie, de petits tubes en cuivre furent mis au jour, associés à des perles en cornaline; il s'agissait sans doute d'un collier fait de ces divers éléments. Le site de Yarim Tépé, situé au nord-est de l'Iran, à proximité de la frontière soviétique du Turkménistan, livra, dans plusieurs de ses niveaux d'occupation, de petits accessoires en cuivre. Une unique et minuscule perle fut retrouvée par un archéologue attentif lors d'une fouille à Ali Kosh, village agricole du Sud de l'Iran, voisin de la plaine de Mésopotamie. Enfin, de la communauté agricole turque d'Hacilar proviennent des perles en cuivre vieilles de 5 000 ans avant notre ère.

La dispersion géographique de ces trouvailles archéologiques donne à penser que l'exploitation du cuivre avait commencé à se répandre un peu partout dès le cinquième millénaire. Le minerai de ce métal, en effet, n'existe pas dans tous les sites où furent exhumés les artefacts. On ne trouve, par exemple, aucun gisement de cuivre dans un rayon de plusieurs centaines de kilomètres autour d'Ali Kosh, de même qu'il n'existe absolument aucune ressource minérale dans toute la vaste plaine de Mésopotamie. La perle en cuivre découverte à Ali Kosh a donc nécessairement une autre origine. Sans doute, le lieu d'extraction du minerai fut-il la chaîne montagneuse située au nord de l'Iran, à quelque 650 km de là. De même, un autre artefact retrouvé à Ali Kosh, un morceau d'obsidienne, fut probablement ramassé dans cette même région. Une route commerciale régulière venant du nord aurait-elle déjà existé 6 000 ans avant notre ère ? Les fragments de cuivre et d'obsidienne firent-ils l'objet de transactions entre le Nord de l'Iran et Ali Kosh ?

Certes, les preuves concrètes d'une telle activité commerciale demeurent rares, mais elles n'en existent pas moins. Les ruines de Cayönü, où furent exhumés les premiers

## Des statuettes qui révèlent la piété et les rudiments d'un art

Peu après avoir découvert que le cuivre pouvait être extrait de ses minerais par fusion, les artisans de Sumer commencèrent à se servir du métal pour confectionner des statuettes au lieu de les sculpter à même la pierre. Les figurines que l'on voit à droite, fabriquées à quelques siècles de différence durant le troisième millénaire avant J.-C., furent toutes coulées selon la technique de fonte à cire perdue (pages 78-79).

La première — une figure d'homme portant une lourde charge sur la tête — représente peut-être un athlète, à en juger d'après la sveltesse de son corps. La seconde dépeint une déesse : la paire de cornes qui enserre son turban — motif réapparaissant avec une certaine fréquence dans l'art mésopotamien — est un symbole de divinité. On la retrouva dans la ville sumérienne d'Ur, cachée dans un coffre qui servait de socle à une statue de plus grande dimension. La troisième fut découverte dans la maçonnerie d'un temple à Nippur. Une inscription cunéiforme gravée sur la statue permit d'identifier cette figure comme étant celle d'Ur-Nammu, l'un des rois les plus puissants de Sumer : il y était précisé que le temple et le dieu auquel elle était dédiée était Enlil, patron de la ville de Nippur. Sur sa tête, Ur-Nammu porte un panier de mortier symbolisant son désir de voir le temple conserver à tout jamais sa pérennité.

outils en cuivre, ont, par exemple, livré un coquillage pêché dans la Méditerranée, à quelque 480 km de là. Cette curiosité avait peut-être été échangée contre un morceau de cuivre du village. A Chatal Hüyük, l'agglomération turque où furent retrouvées les perles en cuivre et en cornaline, nombre d'artéfacts furent fabriqués dans des matériaux n'existant nulle part alentour : albâtre, marbre, silex et porcelaine. Or, Chatal Hüyük était une ville florissante. Ses 6 000 habitants jouissaient de conditions de vie inégalées à l'époque. Leur régime, beaucoup plus diversifié que celui de leurs voisins, se composait de trois espèces de blé et de deux espèces d'orge, et aussi de pois, de lentilles et de diverses plantes cultivées pour leur huile. En outre, poussaient alentour pommiers, amandiers, micocouliers et genévriers, chênes et pistachiers. Les habitations étaient rectangulaires, les vêtements tissés et les poteries modelées dans de la pierre et du bois. Bien que l'on ne dispose d'aucun témoignage sur le fonctionnement du négoce, tout porte à croire que Chatal Hüyük importait son albâtre, son marbre et ses coquilles de porcelaine grâce à quelque réseau commercial régulier.

Pendant plusieurs milliers d'années, le cuivre qui circula dans tout le Proche-Orient le long de ces toutes premières routes commerciales consistait essentiellement en petits objets; c'est la phase dite de « technique des accessoires.» Le métal était encore du cuivre qui était ramassé à même le sol plutôt qu'extrait. Son modelage se limitait encore au martelage — bien que çà et là quelques individus clairvoyants aient apparemment compris que la chauffe parvenait à le ramollir et facilitait son martelage. Cependant, lorsque les hommes découvrirent vers 4 000 ans avant J.-C., que le cuivre pouvait être extrait de ses minerais par fusion et, par conséquent, exploité à plus grande échelle, le métal ne fut plus affecté à la confection de simples accessoires mais à celle d'objets beaucoup plus élaborés.

Pour comprendre l'ampleur des progrès accomplis par l'homme lorsqu'il découvrit les minerais de cuivre, il suffit de souligner qu'il n'existe aucun lien manifeste entre le cuivre et ses minerais. Le poids comme la texture du minerai ne sont nullement comparables à ceux du métal proprement dit. Et pourtant, un jour, quelqu'un comprit que le morceau de cuivre gisant sur le sol et le filon de minerai de cuivre incrusté dans la roche voisine avaient des points communs. Comment cet événement put-il se produire ?

Pendant longtemps, les spécialistes crurent qu'il survint accidentellement dans un four de cuisson. Un homme, ratissant les cendres d'un foyer, y aurait trouvé une boulette de cuivre et se serait inquiété de sa provenance. Peut-être le revêtement du foyer était-il fait de roches métallifères; peut-être l'homme qui attisait les flammes se souvint-il avoir vu de telles roches là où il ramassait son cuivre. Ainsi, de fil en aiguille, il en aurait déduit l'origine de cette boulette.

Malheureusement, cette explication n'est pas satisfaisante. Les fours de cuisson n'atteignent pas une température suffisante pour séparer le cuivre de ses minerais et le cuivre extrait ne pouvait fondre que dans des conditions exceptionnelles. La température normale d'un four de cuisson se situe entre 590° C et 700° C — soit une température inférieure aux 700° C à 800° C nécessaires à la fusion du métal. Même si la température atteinte est de 800° C, le cuivre extrait est spongieux, cassant et inutilisable. Il faut une température de 1090° C pour liquéfier le métal de manière appropriée.

En admettant que le four de cuisson ait été ventilé par un vent violent, la température du foyer aurait effectivement pu être supérieure à 800° C. Toutefois, lors de la transformation chimique complexe qui a lieu lorsque les minerais de cuivre se séparent de leur métal, l'une des conditions requises est une atmosphère privée d'oxygène : ce que les métallurgistes appellent la chauffe en atmosphère réductrice. Dans ces conditions, l'apport en oxygène est soigneusement contrôlé, et l'oxygène contenu dans le minerai s'allie à l'oxyde de carbone

**Un four révolutionnaire**

Le succès de la fusion du cuivre réside dans la conception des fours. Les Égyptiens auraient utilisé ce modèle fort élaboré *(ci-dessous)* vers 1 200 ans avant notre ère, afin d'exploiter les riches gisements de cuivre de Timna, dans le désert du Néguev *(pages 43-53)*.

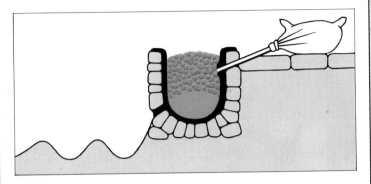

*Le four, en pierres revêtues d'argile, était placé au bord d'une déclivité. Derrière lui, un soufflet en peau de chèvre insufflait de l'air par le moyen d'une tuyère pour accroître l'intensité des flammes. On y mélangeait la malachite (vert) au charbon de bois.*

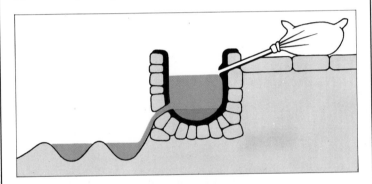

*Lorsque la chaleur du foyer atteignait 1 090° C, le cuivre fondu (rouge) se déposait au fond, et la gangue plus légère (marron) remontait en surface. En débouchant l'orifice aménagé à l'avant du four, les fondeurs pouvaient alors évacuer la gangue et retenir le cuivre.*

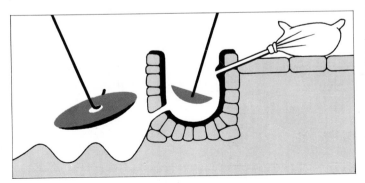

*Une fois enlevées et déversées dans un creuset spécialement destiné à les recueillir, on laissait les scories refroidir, puis on les retirait à l'aide d'un crochet. Le cuivre durci était alors à son tour détaché du fond du four à l'aide d'une tige allongée.*

émis par le charbon de bois pour donner de l'acide carbonique qui se volatilise. Le produit obtenu en fin d'opération est ainsi un bloc de cuivre.

Par conséquent, si le four de cuisson mentionné ci-dessus ne se prêtait pas à cette réduction, comment le smeltage a-t-il pu être décelé? Sans doute, vaut-il mieux imaginer que cette découverte survint accidentellement dans un four à poterie. Les anciens potiers utilisèrent probablement des oxydes de cuivre sous forme de poudre pour teinter leurs récipients en bleu. Or, un potier retrouvant des traces de cuivre dans son foyer, après cuisson, ne manquerait pas de se poser des questions. Vraisemblablement, il essaierait de renouveler l'expérience jusqu'à ce que ses efforts fussent couronnés de succès. Mais de quelle persévérance ne durent pas faire preuve les hommes avant de pouvoir enfin déceler l'origine même du cuivre!

En un second temps, le potier aurait remplacé les poteries par du minerai et, à ce stade, un forgeron serait intervenu. Peut-être ce dernier ne savait-il pas pourquoi le foyer de son ami permettait d'obtenir un métal à partir du minerai, mais cette ignorance ne l'empêcha certainement pas — ainsi que d'autres — de tenter à nouveau l'expérience, pour en comprendre la signification. Et c'est ainsi que, lentement, le four à poterie s'effaça progressivement devant des fourneaux plus perfectionnés, capables d'émettre une chaleur beaucoup plus intense. Dès 3 200 ans avant notre ère, le cuivre fut extrait de ses minerais dans un four fermé où, souvent, le combustible et le minerai étaient placés dans des compartiments séparés. Ce four — très efficace — annonçait déjà, par sa conception, un type de four encore usité de nos jours. Il permet en effet non seulement le smeltage du minerai, mais conduit également à l'obtention de températures de fusion suffisamment élevées pour fondre la masse de cuivre ainsi obtenue.

Le combustible dont se servait le potier — du bois ordinaire — fut bientôt détrôné par du charbon de bois, matériau beaucoup plus efficace. Un système de

# Détection des méthodes de travail des premiers fondeurs

*Cinq échantillons de métal — du cuivre pur et quatre alliages de cuivre — sont présentés ci-dessous de deux manières différentes. Sur les photographies classiques, cinq lingots coupés en deux (double rangée du haut) ne diffèrent d'aspect et de texture que de manière infime. Ces mêmes échantillons vus sous le microscope (rangée du bas) accusent des différences indéniables.*

Pour retrouver le mode de fabrication et les matériaux entrant dans la construction d'un objet métallique, un simple examen à l'œil nu peut parfois fournir les différentes réponses recherchées. Mais souvent, l'aspect extérieur d'un récipient ou d'une aiguille préhistorique n'est guère explicite, car les siècles en ont corrodé la surface ou bien le créateur n'a laissé aucun signe révélateur de ses méthodes.

Pour connaître ce que ne dévoile pas l'examen de l'aspect externe ou pour avoir confirmation de ce qu'il laisse entrevoir, l'observateur peut se référer à la science de la métallographie — l'étude au microscope de la structure interne des métaux. Examinée au micros-cope, la répartition des cristaux lui permet de savoir si le métal soumis à l'étude est à l'état pur ou à l'état d'alliage, voire de vérifier quelle en a été la technique de fabrication — par exemple, si le matériau a été martelé à froid ou bien, tour à tour, chauffé et battu, ou encore soumis aux deux traitements.

La métallographie, comme le prouvent les microphotographies figurant sur ces pages, fait apparaître des différences internes prononcées entre le cuivre, par exemple, et certains de ses alliages *(en bas)*. Des distinctions entre métaux qui, à l'œil nu, semblent minimes, deviennent éclatantes au microscope, aussi éclatantes que la différence qui peut exister entre une aiguille et une marmite.

CUIVRE PUR     5 % ÉTAIN     10 % ÉTAIN     15 % ÉTAIN     15 % ÉTAIN 5 % PLOMB

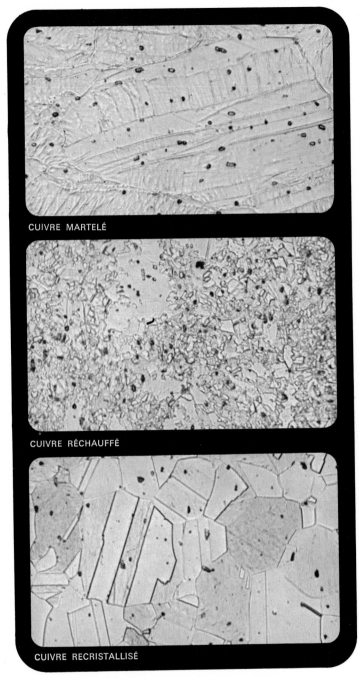

CUIVRE MARTELÉ

CUIVRE RÉCHAUFFÉ

CUIVRE RECRISTALLISÉ

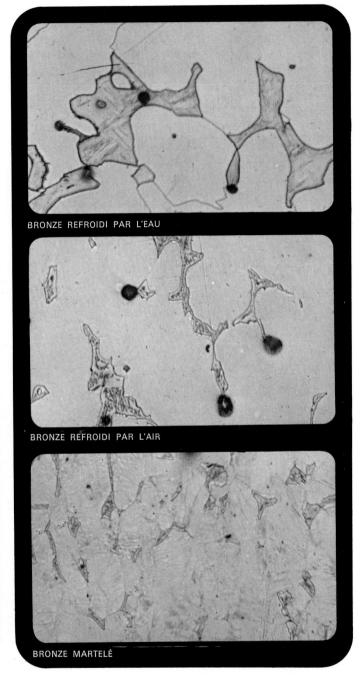

BRONZE REFROIDI PAR L'EAU

BRONZE REFROIDI PAR L'AIR

BRONZE MARTELÉ

*Grossi 100 fois sur ces microphotographies, un échantillon de cuivre pur traité de trois manières différentes dans un laboratoire de la Kennecott Copper Corporation montre comment divers traitements pratiqués pendant la préhistoire pouvaient altérer le métal. Le martelage à froid aplatit mais ne rompit pas les cristaux de cuivre (en haut). Le chauffage à 230° C (au centre) modifia la répartition des cristaux; les cristaux qui, au départ, étaient volumineux se brisèrent pour donner alors naissance à de nouveaux cristaux plus petits. Soumis à une température d'un ordre plus élevé, les cristaux grossirent (en bas).*

*Lorsque la quantité d'étain contenue dans le bronze est supérieure à environ 12 %, une seconde phase microcristalline se produit dont l'importance et la forme varient en fonction du traitement appliqué. Porté au rouge puis « trempé » — c'est-à-dire immergé brusquement dans l'eau froide —, l'alliage prend au microscope l'aspect illustré sur la photo du haut. Si le refroidissement se fait progressivement, le métal présente une structure double (au milieu). Un martelage effectué après trempage altère la texture du métal dont la surface se constelle de taches (en bas). Tout changement de structure s'accompagne d'une modification des propriétés de l'alliage.*

# Expérimentation de la méthode

La métallographie est une méthode de précision comme on peut le voir ici : la fine section d'une aiguille en cuivre iranienne vieille de 4 200 ans avant notre ère a été découpée et préparée pour une observation au microscope. Sous grossissement de 100, on s'aperçut que l'aiguille avait été martelée intensément, mais n'avait pas été chauffée. A titre de vérification, une réplique martelée de cette aiguille fut donc façonnée dans un morceau de cuivre iranien, puis examinée au microscope. Les deux vues sont comparées ci-dessous.

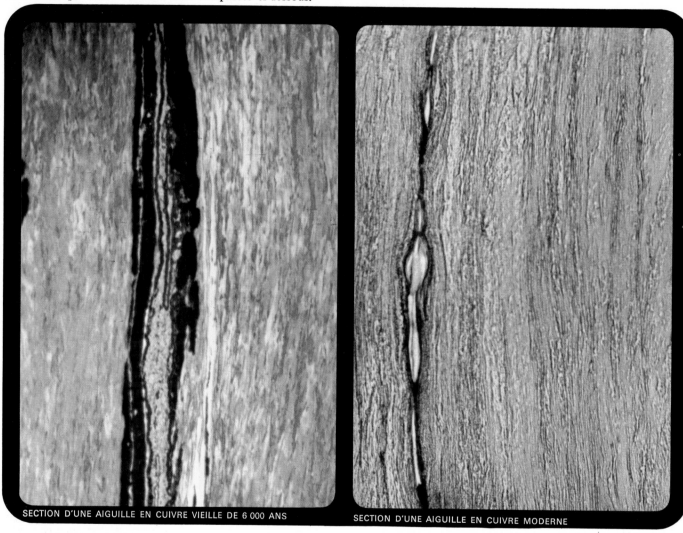

SECTION D'UNE AIGUILLE EN CUIVRE VIEILLE DE 6 000 ANS

SECTION D'UNE AIGUILLE EN CUIVRE MODERNE

*Sur cette microphotographie d'une section transversale de l'aiguille iranienne préhistorique (en haut à gauche), on voit la disposition allongée des cristaux qui indique que le cuivre fut martelé et non pas chauffé. Celle de sa réplique moderne, fabriquée comme jadis par martelage à froid, laisse apparaître une répartition des cristaux strictement identique.*

ventilation approprié permet d'élever la température considérablement. Plus cette ventilation est puissante, plus la chaleur du foyer est intense. Afin de tirer parti des vents dominants, les forgerons s'installèrent sur les collines les mieux exposées et réussirent à diriger les vents vers la sole de leurs foyers en aménageant des conduits efficaces à même les pentes.

Ultérieurement, les potiers prêtèrent à nouveau leur concours aux forgerons en fournissant des argiles qui, à haute température, ne risquaient pas de fondre avec le métal. Ils parvinrent ainsi à façonner, grâce à ces argiles réfractaires, des tuyères que les forgerons utilisèrent en sarbacanes pour attiser les flammes. Plus tard encore, en inventant le soufflet, les forgerons purent augmenter la température de leurs foyers jusqu'à 1 650° C — c'est-à-dire une température suffisamment élevée pour faire fondre le fer et donc la plupart des autres métaux.

Une fois découverte la fusion du minerai dans un four, la production du cuivre à partir de minerai devint une activité de grande importance, l'une des toutes premières industries de l'homme. C'est à Tal-I-Iblis qu'on en a retrouvé les premières traces. Ce site iranien est situé dans une vallée encaissée de la chaîne du Kerman, hauts plateaux parallèles aux monts Zagros, dont ils sont séparés par un désert. De nos jours, c'est une région aride où, en été, les températures sont parfois supérieures à 38° C, les précipitations annuelles ne dépassant pas 100 mm. Le sol y est sableux, rocailleux, dépourvu de toute végétation. Mais, il y a 6 000 ans, la vallée était moins aride. Les collines qui la surplombaient étaient couvertes de forêts, entre autres, de pistachiers sauvages, dont l'écorce donne un excellent charbon de bois.

En Perse, le mot *tal* signifie colline ou tertre. Haut de 11 mètres, l'un des tertres de Tal-I-Iblis, comme des centaines de tertres identiques au Proche-Orient, est formé par les ruines des villages de torchis qui se succédèrent en cet emplacement. Un site comme Tal-I-Iblis recèle donc des traces indéniables d'installations qui

remontent à plusieurs millénaires. Dans le cas présent qui nous intéresse ici, le plus ancien village date d'environ 4 000 ans avant notre ère.

Ce fut l'archéologue et explorateur britannique sir Mark Aurel Stein qui, le premier, découvrit et situa le tertre en 1932. La Seconde Guerre mondiale et les péripéties politiques locales repoussèrent à 32 ans plus tard l'exécution de nouvelles fouilles. C'est en 1964 seulement, lors des fouilles organisées sous l'égide du shah d'Iran, que Joseph R. Caldwell, du musée d'État de l'Illinois, vint rapidement observer ce tertre. Ce qu'il y vit le scandalisa et l'émerveilla tout à la fois. Depuis que Stein l'avait situé géographiquement, le tertre avait progressivement été démantelé par les cultivateurs de la région qui en avaient recueilli la terre pour fertiliser leurs champs. Ils avaient ainsi éparpillé alentour des centaines d'artefacts d'une valeur incommensurable — véritable drame pour les archéologues. Cependant, leurs fouilles avaient dévoilé que Tal-I-Iblis avait été, dès l'origine, un centre actif d'extraction du cuivre.

Tal-I-Iblis, 4 100 ans environ avant notre ère, était donc un village actif, comprenant une cinquantaine d'habitations rectangulaires, d'une seule pièce, enserrées par un dédale de ruelles et de cours. Les maisons étaient faites de briques ovales séchées au soleil, percées de deux rangées de trous de la grosseur d'un pouce, sur la partie supérieure et inférieure du matériau, dans le but, semble-t-il, de mieux retenir le mortier. Peut-être ces habitations eurent-elles un étage supérieur aménagé à ciel ouvert, comme encore de nos jours nombre de maisons en Iran. Les murs étaient revêtus de plâtre extérieurement et intérieurement, et certaines pièces étaient peintes en rouge et en jaune.

Mais, ce qui frappe surtout, c'est la façon dont les habitants du village maîtrisaient le feu. Outre le traditionnel four de cuisson, Tal-I-Iblis livra également les vestiges d'un four à cuire le pain, d'un four à poteries et de nombreux artefacts ayant un lien direct avec la fonte du cuivre. L'un d'entre eux, un récipient en argile,

## Un temple destiné aux mineurs de cuivre

En 1969, une équipe de chercheurs dirigée par l'archéologue israélien Beno Rothenberg exhuma les ruines d'un petit temple vieux de 1 300 ans av. J.-C., dans le désert du Néguev, près des mines de cuivre de Timna *(pages 45-53)*. Érigé par les Égyptiens pour leurs mineurs, il fut d'abord dédié à Hathor, déesse de la Maternité. Bien qu'un séisme ait détruit le temple proprement dit, une tribu locale, les Midianites, exploitant elle aussi les ressources en cuivre de la région, continua à honorer ses propres divinités sur le site. Les reliques laissées après son passage ont livré des objets votifs sculptés, réalisés à partir du cuivre extrait des mines voisines.

*Ces figurines coulées en cuivre sont apparemment des offrandes que des mineurs déposèrent dans le temple. Le bélier — ouvrage midianite — possède une perforation qui permettait de le porter comme amulette sur une lanière. La statuette humaine fut sans doute une déesse de la Fécondité.*

*Nichées au pied d'un affleurement en grès rouge connu sous le nom des Piliers du roi Salomon, les ruines du temple d'Hathor (encadrées en bas à gauche) sont presque invisibles de nos jours. Sur la reconstitution qui figure ci-dessous, un mur de 7 mètres sur 8,8 encercle un petit sanctuaire fait de grès blanc importé; sur les deux colonnes frontales, les visages de la déesse sont sculptés en relief. Trois cuvettes destinées aux ablutions rituelles étaient placées dans la cour : elles permettaient aux fidèles de se purifier avant de franchir le seuil du sanctuaire.*

servait, sans doute, à fondre du minerai concassé en étant directement posé sur le feu. On est davantage encore impressionné par les très nombreux tessons de creusets, sur lesquels on retrouve la trace de résidus qu'a laissé le cuivre fondu.

A en juger par le nombre des creusets et des objets en cuivre que les chercheurs ont exhumé dans ce site, les habitants de Tal-I-Iblis extrayaient par fusion une quantité de cuivre supérieure à leurs besoins. Mais que faisaient-ils donc du reste? Apparemment, le cuivre était acheminé vers d'autres régions. Certains archéologues ont émis l'hypothèse d'un transport vers des marchés aussi éloignés que les villes de Sumer, qui s'implantaient alors sur les rives du Tigre et de l'Euphrate en Mésopotamie.

Non contents de fondre leur cuivre, les anciens forgerons du Proche-Orient apprirent également à mouler le métal fondu. Personne ne connaît évidemment les conditions exactes de cette découverte, mais il se peut qu'un artisan, récupérant le cuivre fondu d'un four fermé, ait déversé par mégarde le métal sur le sol carrelé; le métal, en se refroidissant et en durcissant, aurait donc épousé la forme du dallage. A vrai dire, les premiers objets en cuivre moulés que l'on ait retrouvés jusqu'ici furent réalisés dans des moules en pierre. Les plus archaïques d'entre eux étaient ouverts et d'une seule pièce, mais très vite les fondeurs conçurent un moule fermé, taillé parfois à même la pierre, le plus souvent modelé dans de l'argile. Le moule d'une hache, par exemple, était constitué de deux valves séparées qui, une fois qu'elles étaient rapprochées l'une de l'autre, permettaient de couler le métal fondu dans leur matrice.

Poignards, pointes de javelots, hampes de flèches, haches, herminettes, couteaux et ciseaux furent fabriqués de cette manière. On pourrait presque dire que la technique du moulage fit passer la fabrication d'objets en cuivre du stade artisanal au stade industriel. Toutefois, ces outils en cuivre, bien que très prisés, ne rempla-cèrent pas aussitôt leurs prédécesseurs en pierre et en bois de cervidés. Leur production était relativement onéreuse et les outils ainsi fabriqués s'incurvaient et s'émoussaient aisément. Seules les familles aisées pouvaient donc s'octroyer le luxe d'équiper leurs maisons d'instruments en cuivre, de prendre leurs repas dans des assiettes et des bols en cuivre, et de boire dans des coupes également en cuivre.

Il n'en demeure pas moins vrai que le cuivre suscita apparemment l'admiration générale. Un texte vieux de 2 000 ans avant notre ère — il s'agit d'un « débat » entre l'Argent et le Cuivre — souligne clairement l'importance grandissante du cuivre (les Sumériens appréciaient tout particulièrement les débats et n'hésitaient pas à personnifier deux métaux). Au cours de ce débat, le Cuivre reproche à l'Argent — auquel on attribuait parfois dans l'Ancien Monde une plus grande valeur en raison de sa plus grande rareté — d'habiter le palais. Et le Cuivre de rappeler alors impitoyablement à l'Argent ses nombreux défauts :

« Quand survient l'époque de l'irrigation, tu ne fournis pas à l'homme la pioche en cuivre pour déchaumer. Quand survient le printemps, tu ne fournis pas à l'homme l'herminette en cuivre pour moissonner. Quand survient l'hiver, tu ne fournis pas à l'homme la hache en cuivre pour couper le bois. Quand survient l'époque des moissons, tu ne fournis pas à l'homme la faucille en cuivre pour récolter les céréales. Argent, s'il n'y avait pas de palais, tu n'aurais aucun domicile fixe; seule la tombe, « lieu d'exil », serait ton refuge. Argent, si tu n'étais pas destiné au palais, tu n'aurais aucun endroit où te loger! Tel un dieu, tu ne contribues à aucun travail utile. Comment oses-tu donc t'affronter à moi? Retourne-t-en dans tes sanctuaires obscurs; va reposer dans tes tombes. »

De toute évidence, le cuivre était un métal promu à un brillant avenir. Quand il s'unit à l'étain pour former l'alliage de bronze tellement utile, naquit alors une nouvelle ère des métaux.

*Des nomades du désert ramassent de la malachite dans le lit d'un fleuve et la concassent pour la fondre.*

# Extraction et fonte aux temps préhistoriques

*Le Deutéronome,* cinquième *Livre* de l'Ancien Testament, parle d'une terre si généreuse que « ses pierres sont en fer et qu'on extrait du cuivre de ses collines ». La région évoquée serait celle d'Arabah qui ceint la vallée de Timna dans le désert du Néguev. Des fouilles intensives, conduites par l'archéologue Beno Rothenberg, ont dévoilé qu'une industrie cuprifère y avait en fait été florissante durant l'ère des prophètes.

L'extraction du cuivre à Timna remonte à 4 000 ans avant notre ère. Elle débuta sous forme d'une industrie rudimentaire à laquelle ne se consacraient que quelques familles. Elle se limitait en effet au ramassage de nodules de malachite à forte teneur en cuivre jonchant le sol de la vallée. Afin de préparer le métal pour la fusion, hommes et femmes le broyaient dans des mortiers en granit et le réduisaient en graviers *(à gauche)*; ils le faisaient cuire ensuite dans des fours archaïques en forme de cuvettes *(voir au verso)*.

Au cours des siècles ultérieurs, les techniques de traitement du cuivre s'améliorèrent et la demande en métal s'accrut régulièrement, attirant même des mineurs étrangers à Timna. Lors du second millénaire avant notre ère, les mines de Timna firent l'objet d'une exploitation tout à fait intensive qui enrichit les pharaons égyptiens.

Le traitement du cuivre à Timna et la manière dont l'industrie passa d'une activité artisanale locale à une entreprise commerciale complexe sont illustrés sur les reproductions qui figurent dans les pages suivantes.

# Extraction du métal : première tentative de l'homme

Pour que le cuivre puisse être extrait par fusion de la malachite, le minerai concassé doit être cuit à plus de 815° C. Or, un simple feu de camp aménagé à ciel ouvert ne permettait pas d'atteindre de telles températures. Aussi est-ce la raison pour laquelle les premiers mineurs de Timna creusèrent un foyer circulaire en pierre dans le sol et le chargèrent aux deux tiers de morceaux de charbon de bois dur, à combustion lente, faits de bois d'acacia.

Après avoir enflammé le combustible, les ouvriers augmentaient la température du foyer en soufflant régulièrement sur le four dans des sarbacanes faites de bandes de cuir enroulées et pourvues de becs en céramique réfractaire. De temps à autre, l'un des fondeurs jetait des poignées de malachite préalablement préparée sur les cendres incandescentes; puis, il déversait par couches successives combustible et minerai jusqu'à ce que le four fût plein.

Dès que la température du foyer était suffisante et que le métal s'était détaché de son minerai, les mineurs laissaient alors le feu s'éteindre. Au fond du four reposaient des tas de scories carbonisées qui recouvraient le cuivre fondu. Il leur fallait alors broyer ces morceaux de gangue pour en extraire les boulettes de cuivre qui s'y trouvaient à l'intérieur.

*Tandis que des mineurs chargent du minerai concassé dans un four de fusion dont ils attisent les flammes, d'autres*

*(à droite) détachent le cuivre des morceaux de gangue. La jarre à eau (au centre) leur servait à se désaltérer ou à éteindre les escarbilles projetées par le foyer.*

*Pour couler des ciseaux dans l'atelier souterrain d'Abu Matar, des hommes font fondre du cuivre pour ensuite le verser dans des moules en pierre (à gauche).*

## Coulée du cuivre dans les galeries souterraines d'Abu Matar

Une partie du cuivre extrait et fondu dans la vallée de Timna pendant la préhistoire aurait été transformée et coulée en objets usuels à quelque 170 km au nord, dans un dédale de galeries du village d'Abu Matar. Après avoir allumé des feux dans des puits, les fondeurs enfouissaient des creusets en céramique remplis de cuivre sous les cendres incandescentes, et soufflaient sur les flammes avec des sarbacanes pour que les boulettes de métal puissent peu à peu se liquéfier.

Pour retirer du feu un creuset brûlant et le porter jusqu'aux moules en pierre, deux hommes se servaient de branches vertes humides et, par conséquent, ininflammables. Il leur fallait se déplacer en cadence car le moindre faux pas risquait de les exposer à d'horribles souffrances. Lentement, ils s'avançaient de côté jusqu'à l'emplacement du moule, puis renversaient le cuivre étincelant dans les récipients gravés.

En quelques minutes, le cuivre durcissait et devenait assez froid pour être travaillé. S'étant légèrement rétréci au cours de ce refroidissement, il pouvait être détaché des parois du moule et aisément retiré. Les objets coulés — haches, pointes de lance, ciseaux — étaient alors distribués aux hommes dont la tâche consistait à remédier à toutes les imperfections.

*Les ciseaux qui ressortent des moules (au premier plan) sont affinés sur des enclumes en pierre (à droite, en arrière-plan).*

*Alors que des mineurs extraient des morceaux de malachite, un fonctionnaire égyptien, attentif aux conseils d'un contremaître midianite, comptabilise la production*

## Exploitation des falaises de Timna pour le pharaon

En 1200 avant notre ère, l'industrie du cuivre à Timna était déjà des plus florissantes et rentables. Les cerveaux — et l'autorité — qui coiffaient cette opération étaient en fait les Égyptiens qui envoyaient leurs représentants jusqu'au Néguev pour superviser l'évolution des travaux. Pour accroître la production au maximum, les Égyptiens recrutaient des tribus locales, entre autres des Midianites, et diverses peuplades semi-nomades.

Sous les Égyptiens, l'exploitation des minerais à Timna revêtit une telle importance que le décor environnant acquit une physionomie nouvelle. La plupart des arbres furent abattus pour être transformés en combustible, et les falaises profondément entaillées par l'extraction du minerai de cuivre.

La plupart des travaux étaient accomplis sur des corniches taillées à même la roche. Sur ces dernières, des ouvriers munis de percuteurs en pierre détachaient des blocs de grès doux, riches en malachite. D'autres, pendant ce temps, les réduisaient en morceaux afin de pouvoir les transporter jusqu'à la vallée où le minerai était concassé en vue d'être fondu. Le rendement était élevé. Les flancs de la montagne étaient si riches en malachite et le grès qui la contenait si tendre qu'un homme pouvait, à lui seul, extraire en un jour du minerai équivalent à 3,6 kg de cuivre fondu.

*pour en faire part au roi. Une sentinelle égyptienne, postée sur la corniche, protège la mine des maraudeurs.*

## Rentabilisation d'un procédé de fusion millénaire

La planification des travaux par les Égyptiens s'avéra si efficace que les fours de fusion brûlaient jour et nuit, rentabilisant par là même l'opération et réduisant la consommation en combustible. Au lieu d'allumer tous les matins de nouveaux foyers, comme l'avaient fait les premiers fondeurs, les Égyptiens réussissaient à maintenir les fours à des températures maximales pendant plusieurs jours.

Sous l'administration égyptienne, la fusion conduisit à l'obtention de plus de 90 kg de cuivre en une seule et même opération — soit une production nettement supérieure aux 9 kg qui pouvaient être fondus à Timna grâce à des techniques plus anciennes. Cette différence était le résultat non seulement d'une meilleure planification des travaux et de leur intensification, mais surtout de l'emploi de fours mieux agencés *(page 37)*. Comme leurs anciens prototypes, ils avaient la forme d'une cuvette et étaient creusés partiellement dans le sol; cependant, ils faisaient l'objet de quelques améliorations fort simples mais révolutionnaires. Derrière chacun d'entre eux se trouvait un soufflet en peau de chèvre servant à insuffler régulièrement de l'air dans le foyer. Devant, des ouvertures permettaient à la gangue fondue de s'écouler avant d'être recueillie dans un creuset où elle refroidissait et se transformait en morceaux faciles à extraire. Cette évacuation continue de la gangue facilitait l'alimentation incessante des fours. Le cuivre se rassemblait dans le fond sous forme d'une masse étincelante.

*Tandis que la fumée s'échappe des fours de fusion, un ouvrier actionne un soufflet alors qu'un autre jette le minerai*

pré-élaboré sur le feu ; un scribe, entre-temps, enregistre l'avancement des travaux. Des morceaux de gangue en forme d'anneaux (au premier plan) jonchent le sol.

Dans les montagnes d'Israël, autour de la mer Morte, dans une grotte semblable à celle où furent retrouvés les Manuscrits de la mer Morte, une équipe d'archéologues de l'université hébraïque de Jérusalem découvrit en 1961 un témoignage des premières utilisations du bronze par l'homme. Cette grotte, que l'on appela ultérieurement la grotte du Trésor, est à peu près inaccessible. Son entrée surplombe de quelque 200 mètres un précipice. Seule une échelle de corde tendue du haut du promontoire rocheux permet d'y accéder — bien que, 5 000 ans environ avant notre ère, une piste étroite descendît en zigzag jusqu'aux sources qui jaillissaient au pied de la falaise. En raison de cette difficulté d'accès, la grotte n'avait jamais été visitée par les tribus de bédouins nomades — toujours en quête d'antiquités dont ils font commerce — qui pillent les richesses archéologiques du Proche-Orient.

Dès la plus haute antiquité, la grotte du Trésor semble avoir servi de refuge à des peuplades fuyant la persécution. Le sol était en effet jonché de fragments de parchemins couverts d'écrits grecs et hébreux, de tessons de poteries portant gravées des inscriptions hiéroglyphiques, de lampes en pierre, d'accessoires en cuir, d'articles de verre et de tissu. Tous ces objets dataient du début de l'ère chrétienne. Apparemment, ils y furent laissés en 70 avant J.-C. par des Juifs fuyant Jérusalem du temps de la destruction du second Temple par Rome.

Dans un niveau inférieur, toutefois, la grotte livra la preuve d'une autre occupation, beaucoup plus ancienne — remontant à 3 000 ans avant notre ère. Des pierres de foyer, des poteries et divers ustensiles domestiques, des grains de blé et d'orge témoignèrent de la lutte que durent alors mener pour survivre un autre groupe de

*D'une réalisation parfaite, ce char rituel en bronze de 35 cm de long fut exhumé d'une tombe autrichienne datant du VIIe siècle avant Jésus-Christ. On y voit une déesse qui porte sur sa tête un bassin creux; à ses côtés se trouve une escorte de personnages dont certains sont à cheval. Devant et derrière elle, il y a des cerfs à la tête rehaussée d'andouillers. Toutes ces pièces furent au départ moulées et coulées, puis rivées et soudées au char.*

réfugiés. Puis, sous une dalle en pierre, les fouilleurs mirent au jour la trouvaille la plus surprenante d'entre toutes : une cachette de 429 objets, enveloppés dans une natte tressée; tous, à l'exception de 13 d'entre eux, étaient faits d'un alliage de cuivre et d'arsenic qui ressemble au bronze. La nature de ces objets donne à penser qu'ils appartenaient à un temple ou un sanctuaire. Parmi eux, se trouvaient 10 couronnes et 240 têtes de massue délicatement décorées. Ce trésor recélait également des ciseaux et des haches de toutes tailles et dimensions, ainsi que nombre de baguettes, sortes de hampes, utilisées peut-être pour des processions. Si les propriétaires de ce trésor l'apportèrent jusqu'à cette grotte pour le mettre à l'abri à une époque où leur établissement risquait d'être dévasté par des envahisseurs, il ne fait aucun doute qu'ils ne vécurent pas assez longtemps pour venir le reprendre.

En dehors de l'intérêt proprement humain de cette découverte, ces objets témoignent d'un tournant dans l'histoire de la métallurgie. Le bronze est en effet un métal plus dur que le cuivre et peut être affecté à de plus nombreux usages. De nos jours, la plupart des bronzes sont en fait des alliages de cuivre et d'étain; la teneur en étain varie de 3 % au minimum (bronze doux) à 25 % (bronze de cloches). Du temps de la préhistoire, les premiers bronzes furent constitués de cuivre et d'arsenic, ce qui, sans doute, réussit à expliquer la manière dont fut découvert l'alliage des métaux.

Deux phénomènes importants sont, en effet, à l'origine de cette évolution. Premièrement, le cuivre pur ne peut être coulé aisément; lors de cette opération, des bulles se forment qui altèrent le moulage final. Deuxièmement, il n'existe aucun minerai de cuivre à l'état pur; tous contiennent, plus ou moins, des traces de divers éléments. Les impuretés qui y sont le plus souvent contenues sont le fer, l'arsenic, l'antimoine, le plomb, le nickel et le bismuth — chacun de ces métaux donnant lieu à du cuivre de plus ou moins bonne qualité. D'infimes quantités de bismuth, par exemple, suffisent à rendre le cuivre cassant, alors qu'une quantité importante de plomb le rend mou. Par contre, la présence d'arsenic dans un minerai de cuivre interrompt l'absorption des gaz qui rendent les moulages de cuivre poreux — et, par conséquent, favorise l'obtention d'un produit d'une plus grande finesse.

En 3 500 ans avant notre ère, sans doute un forgeron avisé remarqua-t-il ces divers phénomènes. Bien qu'ignorant les raisons d'une telle différence entre les minerais de cuivre, il n'aura pas manqué d'exploiter ceux qui donnaient de meilleurs moulages. Ainsi, les premiers alliages de bronze ne furent nullement des mélanges fabriqués de toute pièce par l'homme, mais des combinaisons naturelles de métaux. Un alliage composé de cuivre et d'arsenic fut le plus souvent utilisé, non seulement en raison de sa supériorité, mais aussi en raison de l'abondance des minerais à base d'arsenic et de cuivre dans tout le Proche-Orient. En fait, quand ils prirent conscience des propriétés spécifiques de l'étain, les forgerons du Proche-Orient se trouvèrent dans une situation fort délicate : les ressources en étain de ces régions étaient des plus rares.

Le mystère reste entier quant au moment précis où les bronzes à base d'arsenic et de cuivre tombèrent en désuétude, mais il n'est guère difficile d'en imaginer la raison. L'émanation des vapeurs nocives émises par les minerais au cours de la fusion dut provoquer la mort de plus d'un forgeron. En conséquence, il se peut fort bien que les produits finis eux-mêmes soient devenus des plus suspects.

Les bronzes à l'étain remplacèrent également les bronzes à l'arsenic pour toutes sortes de raisons pratiques. D'une part, la teneur en arsenic des minerais varie beaucoup. Comme cette différence n'est pas visible sur le minerai, les premiers forgerons devaient être très embarrassés. D'autre part, les propriétés spécifiques de l'alliage de cuivre et d'arsenic par rapport à celles des minerais de cuivre relativement purs durent inciter les métallurgistes à expérimenter l'addition de divers éléments. Finalement, l'un de ces éléments — l'étain — révéla des qualités tout à fait exceptionnelles.

Les bronzes à base de cuivre et d'étain sont plus durs, moins cassants que les bronzes à base de cuivre et d'arsenic. Sur la table de correspondance qui donne la dureté relative des différents métaux, un bronze contenant 10 % environ d'étain atteint le chiffre de 90 après coulée, cette dureté pouvant s'élever à 228 après le martelage. A titre de comparaison, le cuivre possède une dureté de 50, une fois coulé, et de 128, une fois martelé. En fait, le bronze ordinaire peut atteindre une dureté égale à celle d'un acier doux, et procurer par-là même aux fondeurs un matériau beaucoup plus résistant que le cuivre ou la pierre. En outre, le bronze pouvait être à nouveau usiné après avoir été tordu ou émoussé et, dans le cas d'une hache ou d'un couteau, aisément aiguisé. Herminettes, ciseaux, percuteurs et alènes en bronze révolutionnèrent le travail du bois, et les gens fortunés rivalisèrent d'efforts pour se procurer des plats et des armes destinés à l'aménagement de leurs résidences et l'équipement de leurs escortes — et les emporter avec eux dans la tombe.

Sur l'ensemble du territoire du Proche-Orient, dès 3 000 ans avant notre ère et au cours des siècles suivants, les souverains se firent ensevelir aux côtés d'objets en or et en cuivre, mais aussi en bronze. L'une des nécropoles les plus fastueuses est le Cimetière royal d'Ur, ville située sur le cours inférieur de l'Euphrate, où, lors de rites funéraires terrifiants, les familles dirigeantes de Sumer furent inhumées au cours du troisième millénaire avant J.-C. Lorsqu'un roi sumérien mourait, il signait l'arrêt de mort de la majeure partie de ceux qui l'avaient servi. Des soldats en uniformes, des courtisanes parées de leurs toilettes les plus somptueuses, des serviteurs, des conducteurs de chariots tirés par des bœufs, des musiciens avec leurs harpes et leurs lyres accompagnaient le corps de leur souverain dans la tombe et, à un signal donné, absorbaient du poison. Dans une seule sépulture, les ossements d'une soixantaine d'hommes et de femmes attestent cette pratique.

Les artefacts en bronze découverts dans le Cimetière

royal d'Ur sont des témoignages impressionnants de l'art des métallurgistes de l'époque. Leur importance tient également au fait qu'ils furent fabriqués avec du bronze parfait, c'est-à-dire un alliage de cuivre et d'étain dosé sciemment et contenant, en l'occurrence, entre 10 et 15 % d'étain.

La présence de ce genre de bronze dans les tombes d'Ur est à vrai dire fort mystérieuse. Il n'y a pas de gisements d'étain au Proche-Orient, de même qu'on n'a trouvé aucune preuve de l'existence, au troisième millénaire avant notre ère, de routes commerciales depuis Sumer jusqu'aux gisements d'étain de Bohême et de Hongrie, sources d'approvisionnement des générations ultérieures des forgerons du Proche-Orient. D'où pouvait donc venir l'étain utilisé dans la ville d'Ur ? Certains archéologues ont émis l'hypothèse que, jadis, il y eut peut-être des gisements d'étain dans les monts Zagros aux confins orientaux de la plaine de Mésopotamie, des gisements désormais épuisés — de même que, avant 1849, des pépites d'or abondaient dans le lit des fleuves de Californie. D'autres pensent que l'étain ayant servi à l'élaboration des bronzes d'Ur venait d'Europe et que des relations commerciales étaient déjà établies entre la Mésopotamie et l'Europe centrale dès 2 500 ans avant notre ère. D'autres encore estiment que l'étain fut extrait sur les versants sud du Caucase, correspondant à l'Arménie actuelle — hypothèse qui serait la plus vraisemblable.

Les hauts plateaux caucasiens où les Sumériens s'approvisionnaient en cuivre étaient également riches en étain. Or, on a retrouvé des traces de commerce entre Sumer et le Caucase. Certaines sépultures d'Ur contiennent des épingles du Caucase à tête plate et évasée, ayant servi à agrafer des vêtements. Il semble donc logique d'affirmer que l'étain du Caucase fut acheminé vers le sud, conjointement à d'autres objets d'échange et, peut-être, sous la forme de lingots de bronze fondus — car les Caucasiens furent non seulement des mineurs mais aussi des fondeurs prodigieux. Certains pensent même que ces montagnards inventèrent le bronze — théorie fondée sur le simple fait que la malachite et la cassitérite, les deux minerais de cuivre et d'étain les plus courants, se trouvent associés dans les mêmes gisements des hauts plateaux caucasiens ; il se peut donc qu'ils aient été fondus accidentellement au cours d'une même opération par quelque forgeron caucasien, et aient conduit à la découverte du bronze.

La cité d'Ur, bien entendu, ne fut pas la seule à devoir s'approvisionner en étain. Dans les autres cités-états de Sumer et du Proche-Orient, des princes autocratiques firent travailler leurs forgerons sans discontinuer. Les bronzes de Suse, capitale du puissant royaume élamite situé à l'extrême est de la plaine de Mésopotamie, étaient connus pour leur originalité stylistique. En Anatolie centrale, les tombes royales des dirigeants pré-Hittites d'Alacah Hüyük abondent en objets funéraires métalliques, notamment des cerfs en bronze finement ciselés. A l'ouest de l'Anatolie, l'archéologue Heinrich Schliemann, fouillant au XIXe siècle la ville de Troie, mit au jour un trésor enfoui dans le second niveau d'occupation de la ville, vieux de 2 400 ans avant Jésus-Christ. Aux côtés d'objets en or, argent et cuivre, se trouvaient nombre de récipients et d'armes en bronze incrustés de lapis lazuli, d'ambre et d'ivoire.

La présence d'un nombre aussi considérable d'objets en bronze au Proche-Orient, où l'étain était en fait tellement rare, souligne l'importance grandissante des échanges — échanges qui incitaient les commerçants du Proche-Orient à quitter le berceau de la civilisation pour partir à la conquête des mondes inconnus de la Méditerranée occidentale et, en remontant le Danube, gagner directement le cœur de l'Europe.

En 2 000 ans avant notre ère, ce réseau commercial s'étendit de l'Afghanistan à l'est, à l'Espagne, la Sicile et la Sardaigne à l'ouest, se prolongeant vers le nord à travers l'Europe jusqu'aux rives de la mer Baltique. Des archéologues ont, par exemple, retrouvé des perles en faïence égyptiennes dans des tombes près d'Odessa, dans un ancien cimetière de Roumanie orientale, dans des établis-

# La grotte du Trésor

Au plus profond de l'une des nombreuses grottes qui s'ouvrent sur les flancs des montagnes arides qui longent la mer Morte en Israël, un groupe d'archéologues fit, à l'occasion d'une fouille organisée en 1961, une trouvaille historique et inestimable : un trésor d'artéfacts en métal vieux de 5 000 ans.

La grotte était d'un accès très difficile : elle surplombait de quelque 200 m la vallée *(à droite)*. Mais, une fois qu'ils y parvinrent, les archéologues comprirent aussitôt l'importance de leur découverte. Éparpillés sur le sol se trouvaient des fragments et des tessons de poteries, des objets en cuir, des vêtements et autres reliques abandonnés par des réfugiés juifs fuyant la persécution des Romains en 70 après J.-C. Une fouille plus approfondie leur révéla une occupation bien antérieure. Ce fut ainsi que, sur une pente naturelle, enfoui sous une dalle en pierre, fut découvert le trésor proprement dit *(ci-contre)*. Ce dernier se composait de plus de 400 objets — couronnes, étendards, têtes de massue et autres objets rituels — qui tous, à l'exception de 13 d'entre eux, étaient en cuivre arsénié, l'un des tout premiers alliages qu'ait élaborés l'homme.

Les questions que se posèrent alors les archéologues n'ont toujours pas reçu de réponses. Quels furent les propriétaires de ce trésor ? Pourquoi le cachèrent-ils avec tant de soin ? Pourquoi ne revinrent-ils pas dans la grotte pour le reprendre ?

*La grotte du Trésor n'est accessible que par une échelle de corde accrochée au sommet de la falaise. Sur la photographie, l'un des quatre responsables de l'expédition se laisse glisser le long de l'échelle de corde tandis que deux de ses assistants la stabilisent. Durant la préhistoire, sans doute l'accès de cette grotte fut-il plus aisé, car les traces d'un ancien sentier sont encore visibles sur les versants de la colline.*

*Une partie du trésor apparaît ci-dessous tel qu'il fut retrouvé, enveloppé dans une natte tressée. La couronne en bronze qui figure à droite, rehaussée d'oiseaux et de fils enroulés, n'est que l'une des dix couronnes retrouvées dans le trésor de la grotte. On ne sait pas à vrai dire comment — ni par qui — elle fut portée mais, dans la mesure où ses décorations évoquent celles des ossuaires, on pense qu'elle eut peut-être une signification religieuse.*

sements situés le long de la Vistule en Pologne et en Ukraine, ainsi que dans des sépultures près de Vienne. Il y a plusieurs années, sous une pierre, dans une forêt lituanienne, fut même retrouvée une petite figure d'homme en bronze, portant un chapeau conique, marchant élégamment le bras droit levé; cette figure fut en fait importée du Proche-Orient à quelque 2 300 km de là vers le sud. Elle fut apportée en Lituanie vers 1 400 avant Jésus-Christ, pour être peut-être troquée contre de l'ambre de la Baltique.

Dans l'éclosion de ce commerce, l'étain joua un rôle non négligeable. Sachant qu'ils trouveraient des clients en quête de métal, des commerçants issus de Syrie, des cités-états de Mésopotamie et d'Anatolie établirent des liens commerciaux avec les centres miniers de Chypre, d'Espagne et de Bohême. Ce faisant, ils influencèrent les populations indigènes et se laissèrent en retour influencer par elles. Grâce à ce genre de contacts, grâce aux talents dont firent preuve, à leur tour, les métallurgistes européens, l'âge du bronze finit par s'installer en Europe. A peine fut-il en leur possession que le bronze prit un aspect distinct — et, tout en modelant le métal conformément à leurs propres besoins, les Européens se laissèrent eux-mêmes modeler par lui.

Parmi ces tout premiers métallurgistes européens, il convient de mentionner les Peuples du campaniforme, ainsi appelés parce qu'ils ensevelissent leurs défunts avec des gobelets en argile en forme de cloche (*campana* = cloche). Marchands et commerçants, ils parcourent l'Europe en tous sens, dès 2 500 ans avant notre ère. Personne ne sait exactement quel fut leur véritable lieu d'origine, mais tout porte à croire que ce fut l'Espagne. Potiers et forgerons excellents, bien que n'employant pas le bronze, ils surent fondre et couler le cuivre. Quelle que soit la contrée où ils se rendirent, les forgerons campaniformes travaillaient comme chaudronniers fabriquant des couteaux, des pointes de javelots, des percuteurs et des haches destinés aux habitants des territoires qu'ils par-

coururent. Parfois, ils laissèrent derrière eux, dans des cachettes souterraines, du minerai et des récipients finis, se promettant — comme les réfugiés de la grotte du Trésor — de venir les y reprendre lors de leur prochaine visite.

Les Peuples du campaniforme s'aventurèrent vers l'est jusqu'en Pologne et vers le nord jusqu'en Scandinavie et aux îles Britanniques, où ils construisirent l'une des toutes premières versions de Stonehenge. Ils se lièrent intimement aux peuplades autochtones qu'ils rencontrèrent. On retrouva même leurs ossements, associés à des poteries et à divers artéfacts caractéristiques de leur propre style, dans les cimetières de groupes auxquels ils n'étaient nullement apparentés. En favorisant le rapprochement des différentes peuplades européennes, en diffusant alentour leurs connaissances en métallurgie, les Peuples du campaniforme préparèrent l'Europe à l'avènement de l'âge qui s'ensuivit.

Vers 1 800 ans avant notre ère, les Peuples du campaniforme furent assimilés, cependant qu'un autre peuple contribua à l'essor de l'âge du bronze européen : les Unéticiens, ainsi appelés depuis la découverte près de Prague d'un village — Unétice — où l'on retrouva nombre de leurs artéfacts en métal. Ayant quitté un centre des Carpathes, ils se répandirent dans les vallées fertiles de Bohême, Moravie, Silésie, Saxe, Bavière et Rhénanie. Contrairement aux Peuples du campaniforme, le peuple d'Unétice mena plutôt une vie sédentaire. Principalement cultivateurs, ils vécurent dans de petits villages entourés de champs et de pâturages, gouvernés par les anciens et les chefs de tribus. Ils n'en connurent pas moins des métaux — la manière de les fondre et de les couler —, car les montagnes de Bohême et des Carpathes contiennent de nombreux gisements de cuivre, d'étain et d'or. Le forgeron d'Unétice fut, en fait, un spécialiste : c'est l'un des rares individus qui, bien que membres d'une société agricole, furent exemptés des travaux des champs.

Grâce à cette connaissance approfondie des métaux, les Unéticiens fondèrent une industrie du bronze. Ils

## Une statue menaçante

*Cette statue fort imposante de la reine élamite Napir-Asu (ci-dessus) qui mesure 1,20 m de haut et date du deuxième millénaire avant J.-C. est considérée comme l'un des plus beaux bronzes de la préhistoire. Grâce à la fonte à la cire perdue (pages 78-79), le sculpteur parvint à la mouler de manière extrêmement minutieuse. On en jugera par les mains soigneusement modelées et les plis particulièrement complexes du costume (à gauche). Une inscription gravée sur le socle de la statue menaçait quiconque la mutilerait de tous les malheurs du monde : la statue n'en fut pas moins décapitée.*

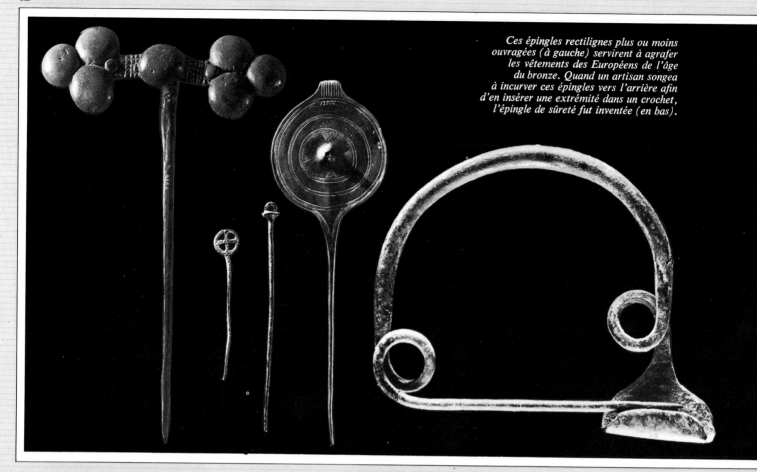

*Ces épingles rectilignes plus ou moins ouvragées (à gauche) servirent à agrafer les vêtements des Européens de l'âge du bronze. Quand un artisan songea à incurver ces épingles vers l'arrière afin d'en insérer une extrémité dans un crochet, l'épingle de sûreté fut inventée (en bas).*

eurent, de plus, le privilège de se trouver à la croisée de plusieurs routes commerciales. L'une des principales voies commerciales de l'Ancien Monde conduisait, en effet, après la traversée du col du Brenner, de la côte Adriatique au territoire unéticien qu'elle traversait, pour finalement aboutir aux rives de la Baltique, connues pour leur ambre. Une autre route longeait le Danube sur l'ensemble du territoire de la Bohême et se dirigeait vers l'ouest à travers l'Europe, jusqu'au littoral atlantique et aux îles Britanniques, c'est-à-dire aux gisements de cuivre et d'étain de Cornouailles, et d'or irlandais. Selon toute vraisemblance, des marchands itinérants dévoilèrent aux Unéticiens les mystères de l'élaboration du bronze; très certainement aussi, ils leur ouvrirent un marché pour écouler leurs produits en métal et mirent à leur disposition toutes sortes d'armes, d'outils et de bijoux pour qu'ils en fissent des répliques. Les épingles, anneaux et objets de parure en bronze unéticiens possèdent souvent un style identique à ceux de Sumer, Troie et Chypre. Un accessoire, par exemple, un anneau de cou, ou torque, semblable aux modèles exhumés en Syrie, fut fabriqué par les forgerons

unéticiens en si grand nombre et diffusé à si grande échelle qu'il devint une sorte de monnaie d'échange. Les torques en bronze furent, en effet, échangés contre des perles en faïence, de l'ambre, de l'or et des fourrures.

Les marchands du Proche-Orient ne furent pas les seuls clients des forgerons unéticiens. On a retrouvé des épingles fabriquées par leurs soins dans des tombes du Wessex, en Angleterre, et des haches de combat dans des régions aussi nordiques que la Suède. En outre, bien que les forgerons unéticiens n'eussent pas toujours été aussi talentueux que leurs confrères du Proche-Orient, ce furent des hommes beaucoup moins conservateurs. Alors que les forgerons du Proche-Orient ne cessèrent de fabriquer les mêmes outils et les mêmes armes pendant des centaines, voire des milliers d'années, les Unéticiens, eux, étaient ouverts aux idées nouvelles. A peine voyaient-ils un objet qui leur plaisait qu'ils l'adoptaient immédiatement. A l'Irlande, par exemple, ils empruntèrent la hallebarde, sorte de poignard fixé sur une tige qui s'avéra être une arme exceptionnellement efficace. Les hallebardes fabriquées par les forgerons unéticiens furent acheminées

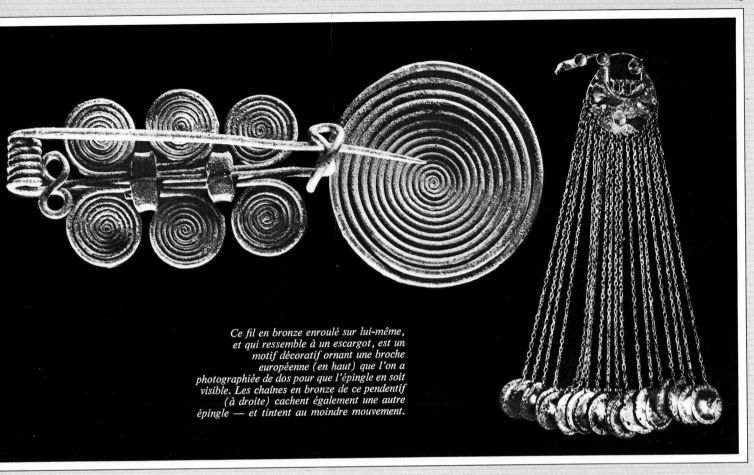

*Ce fil en bronze enroulé sur lui-même, et qui ressemble à un escargot, est un motif décoratif ornant une broche européenne (en haut) que l'on a photographiée de dos pour que l'épingle en soit visible. Les chaînes en bronze de ce pendentif (à droite) cachent également une autre épingle — et tintent au moindre mouvement.*

jusqu'à la ville de Mycènes où plusieurs d'entre elles furent retrouvées ultérieurement dans des sépultures.

A cela, il faut ajouter que les Unéticiens surent améliorer les techniques de fabrication des métaux ainsi que la conception même des outils. L'une de leurs plus grandes innovations en ce sens fut une hache à rebords évasés dont le but était de renforcer la lame et de faciliter l'emmanchement. Les forgerons unéticiens incorporèrent directement ces rebords dans le moule de coulée de la hache. En moulant ces rebords au lieu de les relever par martelage, ils rationalisaient et accéléraient la production, mettant l'outil à la portée, sinon du menu peuple, du moins d'une clientèle beaucoup plus vaste. Les rois et les chefs de tribus demeuraient certes les principaux clients du forgeron, mais des Européens ordinaires pouvaient, eux aussi, requérir ses services; pour ne citer qu'un exemple, alors que les paysans égyptiens continuaient à récolter les céréales avec des herminettes en pierre, les cultivateurs unéticiens moissonnaient déjà à l'aide de lames en bronze.

La métallurgie et le commerce enrichirent les Unéti-ciens et modifièrent leurs conditions de vie. En 1 500 avant notre ère, un grand nombre de leurs villages agricoles s'étaient transformés en villes fortifiées, bâties au sommet des collines, entourées de fossés et de remparts qui les protégeaient des maraudeurs. Par ailleurs, la vie y était mieux organisée. Le chef de tribu et son conseil d'anciens étaient désormais chargés de superviser le commerce, en plus des travaux agricoles et de l'élevage des troupeaux. Les responsables devaient, sans doute, veiller à stocker et à tenir un inventaire des denrées métalliques négociables de la ville, ce qui équivalait, en somme, à une sorte d'opération bancaire.

Le luxe dont jouissaient les chefs était encore loin d'égaler celui des princes du Proche-Orient. Pourtant, leur train de vie fut nettement supérieur à celui de leurs voisins européens. Dans différents sites unéticiens, les archéologues ont exhumé des aiguilles à tricoter, voire, dans l'un d'entre eux, les restes d'un métier à tisser fort élaboré. Ils ont même retrouvé des bribes du tissu qui dut y être tissé — un mélange de laine et de toile de lin. Un tamis en céramique, destiné apparemment à la séparation du

*Ce torque (à gauche) et ces bracelets
à spirales en bronze (en haut et à droite)
furent portés en bijoux par des aristocrates de
l'âge du bronze. D'une grande souplesse,
cet alliage se prêtait tout particulièrement
à la confection de ce genre d'ornements
que l'on pouvait aisément enfiler ou retirer.*

lait caillé et du petit lait, témoigne de la fabrication de fromages, et, dans les basses-cours, l'accumulation d'ossements d'animaux domestiques montre bien que les fermiers unéticiens élevèrent des porcs et des chevaux, ainsi que des moutons et des bovidés.

En 1500 avant notre ère, les Unéticiens furent les dominateurs de l'Europe. Leur influence s'exerça sur un vaste territoire — du Rhin au Dniepr, en Ukraine — et leurs réalisations les mirent en contact avec d'autres peuplades, dont ils adoptèrent bientôt les coutumes, entre autres celle de l'inhumation. Au lieu de les ensevelir sous terre comme l'avait longtemps voulu la coutume, ils déposèrent leurs morts à même le sol, sous un amas de pierres et de terre. Ces sépultures, ou tertres funéraires, dits tumulus, donnèrent ainsi leur nom aux peuplades qui les aménagèrent et à la période correspondante.

La période des tumulus ne dura que deux siècles — de 1450 à 1250 environ avant J.-C. Bien que l'on ait mis au jour des tertres funéraires de la France à la Pologne, la civilisation des tumulus reste fort mystérieuse. Pour certains archéologues, dont la théorie s'appuie sur les motifs cruciformes de quelques ornements retrouvés parmi les offrandes funéraires, ces peuplades auraient été des adorateurs du soleil. En tout cas, il ne fait aucun doute que les personnalités éminentes de ces peuples étaient inhumées avec un faste sans pareil.

Lors de l'inhumation d'un chef, les cérémonies pouvaient se prolonger sur plusieurs jours — à en juger par l'amoncellement de larves de mouches retrouvées près des ossements. On allumait des bâtons d'encens pour résorber peut-être les odeurs, et des animaux sacrifiés en offrandes étaient brûlés sur place. En de rares occasions, il semble même que la femme et les enfants des chefs aient été, eux aussi, sacrifiés.

L'abondance des objets en bronze retrouvés dans les tombes prouve que le peuple des tumulus perpétua le savoir des forgerons unéticiens. Les femmes furent inhumées avec des diadèmes en bronze, toutes sortes d'épingles en bronze à tête incisée et décorée en filigranes, des bagues et des anneaux de pied en bronze, des ceintures en bronze incrustées de motifs géométriques savants, des plastrons en bronze taillés au repoussé, des bracelets en

bronze dont les très nombreuses spirales remontaient régulièrement du poignet jusqu'au coude *(pages 62-65)*.

Les chefs, parés de bijoux tout aussi somptueux, furent enterrés avec des poignards, des rapières et des épées en bronze dont les lames avaient diverses formes et longueurs. Certaines armes étaient allongées; d'autres, courtes et épaisses, étaient dotées d'une lame renforcée par une arête médiane. Les manches étaient parfois rivés sur la lame, parfois coulés d'un seul bloc avec elle; certains d'entre eux étaient même travaillés avec minutie et incrustés de pierres précieuses ou d'or.

L'aspect martial de ces divers objets met en évidence les progrès accomplis tant dans l'art de la guerre qu'en métallurgie. La contribution des forgerons des tumulus aux activités guerrières fut considérable; ils inventèrent une pointe de lance et de flèche en bronze qui détrôna la pointe en silex traditionnelle. Plus robuste que la pierre, la pointe en bronze eut une forme plus élaborée, et fut coulée de sorte que le talon, pourvu d'un évidement, vînt se fixer sur la hampe; cet évidement strié permettait de maintenir plus solidement la hampe.

Vers 1250 avant notre ère, un nouveau rite funéraire commença à faire son apparition en Europe. Il reflétait un nouveau type de société. Les corps des défunts étaient incinérés et leurs cendres recueillies dans des urnes que l'on entassait dans des cimetières; l'un d'entre eux contenait jusqu'à 1 800 urnes! Cette coutume est à l'origine du nom de Champs d'urnes donné à leurs sépultures. On retrouve cette civilisation surtout en Europe de l'Est, en Pologne et en Tchécoslovaquie actuelles.

Il y a de cela environ cinq cents ans, lors de la découverte de leurs cimetières, un écrivain polonais dénommé Jan Dlugosz décrivit cet événement comme miraculeux : « Dans le village de Nochow près de Szrem et dans le village de Kozielsk près de Lekno, des récipients de toutes formes et de toutes tailles poussent d'eux-mêmes sans que l'homme ait à intervenir. Ils sont mous quand ils sont en terre, là où ils ont poussé, mais, après avoir été exhumés, ils durcissent à l'air et au soleil et deviennent tout à fait consistants. »

Dlugosz ne pouvait pas connaître la véritable signification des trouvailles — à savoir, que ces récipients découverts par des paysans fouillant le sol dataient de plusieurs siècles et non de quelques jours. Aussi ne comprit-il pas pourquoi les urnes, étant donné leur séjour prolongé dans le sol humide, étaient imprégnées d'humidité et séchaient au contact de l'air. De nos jours, les archéologues en savent évidemment davantage; ils ne s'en étonnent pas moins, au fur et à mesure de leurs trouvailles, du dynamisme manifeste des Peuples des Champs d'urnes. Les membres de la civilisation des Champs d'urnes auraient été les ancêtres des Celtes de l'Europe de l'Ouest, des Étrusques et des Romains de la péninsule italienne, des Phrygiens et des Illyriens qui quittèrent les Balkans pour participer, avec les pirates des rives de la Méditerranée, à la destruction des civilisations évoluées de la mer Égée et du Proche-Orient. Même si ce n'est pas tout à fait vrai, il n'en reste pas moins qu'ils marquèrent d'une empreinte indélébile ces différentes peuplades au fur et à mesure qu'ils se répandirent à travers l'Europe.

Toutefois, leur contact entraîna souvent, semble-t-il, un déchaînement de violence. La période des Champs d'urnes fut marquée par des guerres incessantes, causées très certainement par le désir d'expansion de certaines peuplades, mais aussi, peut-être, par des divergences religieuses. (Dans ce contexte, l'adoption d'une nouvelle pratique d'inhumation s'expliquerait par un changement de culte divin, ou du moins de dogme religieux.) Lorsque la population européenne s'accrut et que le problème de sa subsistance devint pressant, les peuplades s'affrontèrent inévitablement pour s'approprier les terres les plus riches. En 1200 avant Jésus-Christ, il semblerait donc que les Européens se soient déjà préoccupés de leur espace vital. Quelle qu'en soit la cause, les sociétés des Champs d'urnes durent apprendre à vivre avec la guerre et c'est pourquoi les diverses peuplades se retranchèrent dans des villes fortifiées.

Le plus célèbre établissement des Champs d'urnes — où furent exhumés nombre d'artéfacts en métal — fut découvert vers 1920 dans une tourbière, sur une île du lac Federsee dans le Wurtemberg, en Allemagne. Le marais avait préservé les fortifications, faites d'une double rangée de pieux de pins, dont l'une avait été installée près de la rive, l'autre à quelque distance de là, dans les eaux du lac. La palissade extérieure était massive puisque, en certains endroits, elle mesurait 1,20 m environ d'épaisseur et 3 m de haut. Sept ponts reliaient les deux rangées de fortifications et deux entrées percées à même la palissade extérieure étaient gardées par des tours de guet.

Les habitants du Federsee, bien qu'agriculteurs, étaient suffisamment riches pour se permettre de posséder des objets en bronze. Dans le Federsee, les archéologues retrouvèrent des haches, des ciseaux, des javelots et des couteaux en bronze, des bracelets et des épingles en bronze, une chaîne en bronze. Dans d'autres sites, des Champs d'urnes disséminés sur l'ensemble du territoire européen, la totalité des objets en bronze ensevelis atteint parfois des milliers de kilos.

Pour se procurer le métal nécessaire à la fabrication d'une telle quantité d'objets en bronze, les hommes durent pratiquer une prospection beaucoup plus systématique qu'auparavant. Or, dans la mesure où les gisements de surface commençaient à s'épuiser, il leur fallut creuser des puits en profondeur. Certes, le sondage à grande profondeur et la qualité des minerais extraits posaient de sérieux problèmes. D'une part, les minerais enfouis en profondeur sont plus complexes que les minerais de surface; ils contiennent du soufre qui doit être extrait par un procédé connu sous le nom de grillage avant que le minerai ne puisse être fondu. D'autre part, le creusement du puits de mine et le travail qui doit y être accompli exigent de grandes précautions. Les mineurs durent placer des bois de soutènement contre les parois et la voûte de la grotte ainsi aménagée pour éviter qu'elle ne s'effondre. Qui plus est, les eaux d'infiltration risquaient bien souvent d'inonder le puits. Pour détacher le minerai d'une paroi, le plus simple était bien souvent d'allumer un feu contre cette dernière,

*Suite du texte page 71*

# Les loisirs en Europe durant l'âge du bronze

Ces récipients en bronze mis au jour en Yougoslavie et en Italie septentrionale fournissent quelques éclaircissements sur ce que dut être le mode de vie en Europe centrale durant le VIᵉ siècle avant J.-C. Connus sous le nom de situles (expression latine, *situlae* signifiant seau), ils dépeignent — tel celui qui figure ci-dessous et fut retrouvé à Vace, en Yougoslavie — les divertissements très policés auxquels purent s'adonner les habitants de cette région. Ils témoignent également d'un artisanat avancé; certaines scènes gravées sur ces récipients sont reproduites sur les pages suivantes.

*Cette situle en feuille de bronze porte trois scènes martelées sur le matériau — de haut en bas: des hommes conduisant des chevaux, un banquet, un lion et un cerf.*

*Recevant un invité à un banquet, un domestique lui offre à manger. Leurs habits évoquent un tissu à motifs ou broché.*

*Des musiciens assis sur une couche gravée de motifs divers se font face. Une situle, remplie peut-être d'un breuvage quelconque, est suspendue au-dessus d'eux.*

*Une notabilité repousse l'air chaud avec son éventail.*

*Deux haltérophiles s'affrontent pour gagner un casque empanaché.*

*Conviés à une cérémonie, des hommes et des femmes apportent des présents aux dieux, tandis que des chasseurs, escortés de leurs chiens, portent un cerf fraîchement tué.*

puis d'asperger le minerai d'eau froide; cette opération fissurait le minerai que le mineur pouvait ensuite détacher à l'aide de son marteau et de sa pioche.

Cette mise à feu de la paroi devait bien entendu être accomplie pendant les heures de liberté des mineurs afin que l'air régnant dans la mine puisse être respirable au moment de leur retour. Il fallait également prévoir un approvisionnement en combustible et en eau. Cette dernière était d'ailleurs souvent recueillie du puisard aménagé au fond de la mine. Le combustible provenait, lui, des forêts poussant sur les versants des monts voisins. Les bûcherons jouaient donc un rôle important dans le travail de la mine.

La richesse du gisement en minerais conditionnait l'importance et la complexité de l'opération d'extraction. Sans doute certains gisements furent-ils d'une grande richesse. A Mitterberg-Alpe, dans les Alpes autrichiennes, on a dénombré, par exemple, non moins de 32 mines sur un espace de 1,5 km environ. Dans ces dernières, le cuivre fut exploité de manière systématique, 800 ans environ avant notre ère — exploitation qui permit aux bronziers européens de disposer de quelque 12 000 tonnes de cuivre fondu. Ces mines sont creusées dans le flanc des montagnes, à 120 m de profondeur. Jadis, des plates-formes en bois y furent aménagées pour faciliter le transport par traîneaux du bois de charpente et pour ramener le minerai à l'air libre. A l'extérieur, certaines aires servirent au stockage et au triage du minerai que des hommes concassaient avec des percuteurs ou dans des moulins à bras en pierre. Le minerai pulvérisé était alors lavé dans des bacs en bois sous le jet des eaux captées des torrents avoisinants, puis déposé dans toutes sortes de fours de grillage et de fusion, construits sur une plate-forme en pierre de 12 m environ de long sur 1,5 m de large.

Les spécialistes affirment que ces diverses opérations — depuis l'extraction du minerai jusqu'à son traitement — nécessitèrent sans doute les services de quelque 180 hommes pour chacune des 32 mines. Selon leurs évaluations, il y avait 40 mineurs, 60 bûcherons, 20 hommes affectés à la préparation du minerai avant son grillage et sa fusion, et 30 hommes chargés de l'entretien des fours. A cela, il faut ajouter une trentaine d'employés faisant office de porteurs, de gardes et de conducteurs de chars à bœufs pour emporter le cuivre fondu jusqu'à la vallée. Sans doute ces hommes dormaient-ils dans un campement de fortune installé à proximité de la mine. Mais leur véritable domicile devait être l'une des habitations des villages agricoles de la vallée où ils retournaient, une fois leur travail de mineur accompli.

Dans les mines de Mitterberg-Alpe, le produit final était un bloc grossier de cuivre fondu que les mineurs emportaient pour le couler en lingots de bronze ou en faire des objets en bronze. Par contre, dans d'autres centres d'extraction, on a la preuve que les installations se prêtaient à la transformation des lingots en produits finis.

L'une des anciennes mines de cuivre du district de Koszeg en Hongrie possédait, par exemple, un atelier de fonderie. Quand ils fouillèrent le site, les archéologues retrouvèrent, en effet, des blocs et des lingots de métal, des déchets de bronze et des becs en argile fixés jadis sur les soufflets pour attiser les flammes du foyer. Ils découvrirent aussi les matrices en argile des moules utilisés pour le modelage des talons des manches d'outils en bronze, un creuset en argile et plus de 50 moules en pierre — dont la plupart avaient servi à la fabrication de têtes de massues et d'épingles de parure. Les outils de la Hongrie ancienne qui servaient au travail des métaux comprenaient des poinçons pour graver des motifs au pointillé, des limes pour adoucir les angles, des enclumes et des marteaux pour modeler des feuilles de bronze plat en cuirasses et en casques.

Il est probable que l'atelier du Koszeg fabriquait des produits finis que des marchands emportaient dans leur chargement. Mais le métal fondu ne quittait pas toujours ce genre d'atelier sous cette forme unique; parfois, il était coulé en lingots, en barres, torques et haches doubles. De cette manière, les forgerons itinérants pouvaient fondre à nouveau et couler les barres de manière à honorer les commandes de patrons fortunés en décorant leurs articles de motifs divers, selon leur inspiration ou les désirs de leur clientèle. Certains fondeurs nomades s'installèrent dans des localités relativement importantes plusieurs années durant, y demeurant tant qu'on leur donnait du travail.

Pour ses clients aisés, le forgeron des Champs d'urnes ne manqua pas d'imagination, confectionnant aussi bien de délicates épingles que des épées massives, pour la fabrication desquelles il lui fallut exploiter tout son talent et toute son expérience. Il parvint ainsi à enrouler des fils en bronze relativement longs qu'il transforma en agrafes à ressort fort semblables aux épingles de sûreté actuelles *(page 62)*. Il réussit même à modeler, après l'avoir martelée, une feuille en bronze de manière à lui faire épouser les formes d'un buste humain. Il sut enfin maîtriser l'art de la fonte à la cire perdue, la plus complexe de toutes les techniques de moulage *(pages 78-79)*.

Grâce à ces talents, le forgeron des Champs d'urnes conçut toutes sortes d'outils de meilleure qualité : haches en bronze suffisamment robustes pour abattre des arbres; socs de charrues en bronze pour fendre la terre; pioches et masses en bronze pour extraire les minerais; gouges et ciseaux en bronze suffisamment résistants pour faire des rayons de roues de chars en chêne; enclumes en bronze pour modeler des bandes en bronze,

qui étaient ensuite enroulées autour de moyeux de roues dans le but de maintenir solidement les rayons en place.

Mais, surtout, il fit pour ses clients des armes magnifiques. Ce n'est pas un hasard si l'âge du bronze européen fut marqué par des périodes de guerre. Grâce à leur sens de l'innovation, de l'adaptation et de l'exploitation des ressources immédiatement disponibles, les métallurgistes des Champs d'urnes mirent le bronze à la portée d'une clientèle beaucoup plus vaste, et fournirent aux hommes un moyen nouveau et dangereux de régler leurs différends.

Le long de la côte égéenne et sur la mer d'Irlande, des hommes purent cette fois affronter l'ennemi protégés par des cuirasses en bronze, monter des chevaux maintenus par des mors et des accessoires d'attelage de conception danubienne, porter des javelots et des poignards en bronze fabriqués dans les ateliers des Champs d'urnes et, surtout, manier une terrible épée dans la conception de laquelle le bronzier des Champs d'urnes avait placé tout son talent. Pourvue d'une lame robuste, solidement fixée sur sa garde, l'épée des Champs d'urnes transforma les paysans en héros dont on ne cessera par la suite de chanter les louanges. Les métaux transformèrent de fond en comble la société, mais il faudra encore attendre l'âge du fer pour qu'ils profitent directement à l'homme du commun.

# Techniques traditionnelles du travail des métaux

Les plus anciennes méthodes du travail des métaux demeurent encore inégalées. Aucune machine, aucune production en série ne saurait aboutir à la confection d'un bol ou d'une broche ayant l'élégance et le cachet d'une pièce travaillée à la main.

La ciselure d'un motif sur une plaque par exemple *(à gauche)* reste un art méconnu. Seuls quelques artisans passés maîtres dans leur art apprennent encore patiemment de telles techniques et parviennent à créer des ouvrages comparables aux trésors découverts par des archéologues dans des tombes où furent inhumés des souverains et des nobles sumériens et égyptiens.

A cette catégorie d'artistes consciencieux appartiennent les trois orfèvres dont la maîtrise de ces arts anciens est décrite sur ces pages. Bien que certains de leurs outils soient modernes, leurs méthodes ne diffèrent guère de celles qu'utilisèrent les fondeurs il y a 3 000 ans.

*L'orfèvre Bob Ebendorf exploite la technique dite de ciselure prise sur pièce pour travailler une plaque en cuivre ornée d'une figure d'oiseau aux ailes déployées. Avec un martelet et un poinçon à pointe ronde, il ébauche la figure en faisant une série d'incrustations imbriquées les unes dans les autres. Puis, s'aidant de toutes sortes d'outils, il complète l'ébauche et ombre le motif; chaque outil laisse son empreinte, qu'il s'agisse de minuscules piqûres d'épingles ou de larges rainures.*

# Mise en forme d'un bol en argent

Il est possible de transformer une pièce plane en métal, sans décor, en un récipient de n'importe quelle forme grâce à une technique dite de « mise en forme ». Inventée vers 3 000 ans avant notre ère à Sumer, cette méthode permet d'obtenir des objets non seulement agréables au regard et au toucher, mais également légers et résistants.

La mise en forme d'un bol ne nécessite que quelques outils : un tronçon de bois, un marteau, une pierre et une enclume. Pour les démonstrations accomplies, à droite, par l'orfèvre Kurt Matzdorf, une souche d'arbre, un tibia de mouton, plusieurs pierres et l'extrémité d'un pieu — outils dont purent aisément se servir les anciens orfèvres — se prêtent parfaitement à ce travail.

Le matériau de base est un disque en argent, dépouillé de tout ornement. Durant la préhistoire, ce disque dut être fabriqué par fusion et coulé en un lingot plat — entre deux dalles en pierre ou en argile cuite peut-être — puis martelé selon la forme désirée.

*Cette coupe en or ayant la forme d'un œuf d'autruche exhumée d'une tombe sumérienne datant de 2 500 ans avant notre ère n'est que l'un des exemples d'objets à trois dimensions mis en forme à partir d'un disque plat. N'ayant que 12,8 cm de haut, elle est décorée d'un damier de lapis-lazuli, de calcaire rouge, de coquillages et d'une collerette de morceaux de coquillages.*

**1.** *Pour modeler le bol, Matzdorf commence par maintenir incliné un disque en argent contre l'extrémité légèrement concave d'une souche; puis, à l'aide du bout poli d'un tibia de mouton, il martèle le disque pour obtenir une soucoupe creuse.*

**2.** *Pour aplanir le fond du bol, Matzdorf place la soucoupe contre l'extrémité aplatie d'un gros pieu en bois, dont il se sert comme d'une enclume. En en martelant les contours, il réussit à former un angle.*

**3.** *Matzdorf forme un deuxième angle en redressant les bords du bol complètement à la verticale. Il est alors prêt à modeler un troisième angle pour incurver le sommet du bol vers l'intérieur.*

**4.** *Après avoir arrondi les angles avec son marteau, Matzdorf frotte l'extérieur du bol à l'aide d'une pierre fine, douce, dite agate des ruisseaux d'Écosse. Ainsi, le bol devient parfaitement lisse.*

**5.** *Un dernier polissage avec un morceau d'agate dur et lisse donne au bol un éclat incomparable. Le martelage a laissé de petites facettes qui réfléchissent la lumière, caractéristique des beaux objets confectionnés à la main.*

# Bosselage : travail du métal en relief

Tout artisan qui maîtrise la technique du bosselage est en fait un sculpteur. En obtenant des défoncements sur le revers d'une feuille en métal qu'il fignole sur l'avers, il peut créer une scène aussi animée et palpable qu'un relief taillé à même la pierre ou moulé dans du bronze.

Le bosselage est une technique aussi vieille que le travail des métaux lui-même. Les forgerons du Proche-Orient, par exemple, offrirent à leur noble clientèle des récipients fort élaborés en argent et en or, décorés en bosse. Ils bosselèrent également des motifs dans des armures sur lesquelles ils modelèrent même des portraits fort réalistes. Cette technique se prête enfin parfaitement au façonnage d'objets de grandes dimensions, telle la frise en bronze que confectionne l'orfèvre Kurt Matzdorf sur les pages suivantes.

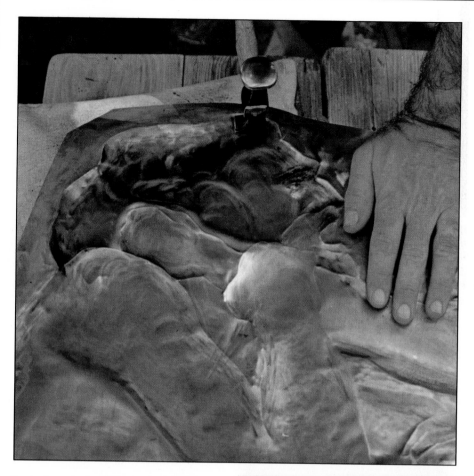

*Ces taureaux ailés fantasmagoriques représentés sur un gobelet en or préalablement mis en forme et fabriqué il y a quelque 3000 ans en Iran témoignent de la perfection du bosselage. Les figures modelées jaillissent en relief sur 1,5 mm.*

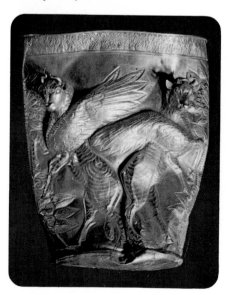

**1.** *Après avoir chauffé la feuille en bronze pour l'assouplir et après l'avoir retournée sur un coussin, Matzdorf se sert d'un martelet à tête métallique arrondie pour imprimer en profondeur les formes principales de la scène qu'il a conçue.*

**2.** *Avant d'en fignoler le relief, Matzdorf obture les défoncements avec une substance résineuse, la poix — résine à base de colophane, de plâtre et de térébenthine. Les anciens fondeurs, quant à eux, utilisèrent du bitume, goudron minéral.*

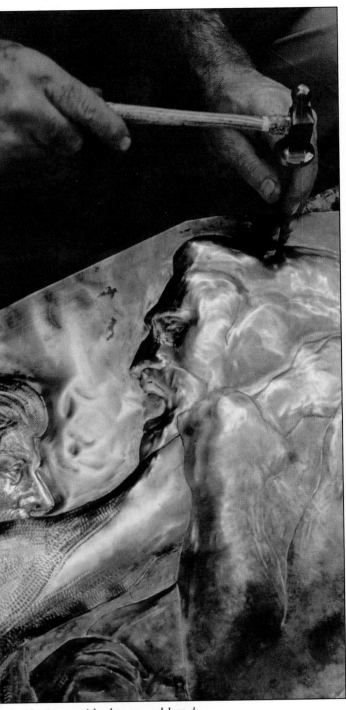

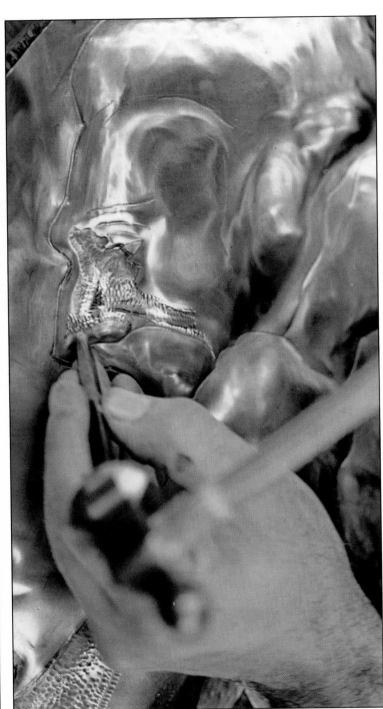

**3.** *L'artiste procède alors au modelage de précision en martelant l'avers de la frise. La poix accumulée dans les creux façonnés sur le revers de la feuille évite que les zones mises en forme ne se craquellent sous la pression des coups de martelet.*

**4.** *Pour ombrer une figure d'ange et ajouter des motifs aussi réalistes qu'une barbe flottante et une moustache, Matzdorf travaille méticuleusement la surface du relief à l'aide d'un martelet et de poinçons en métal pourvus de pointes variées.*

# L'art du moulage à la cire perdue

La coulée d'un métal fondu dans des moules en pierre ou en argile permet d'obtenir des objets fonctionnels dont l'aspect extérieur importe peu. Mais, pour créer des ouvrages dont la beauté dépend de la complexité des motifs et des détails, les forgerons du continent américain tout comme ceux de la lointaine Asie firent appel à la technique de fonte à la cire perdue — ainsi dénommée en raison de l'accumulation de cire fondue, ou « perdue », dans le moule de coulée.

Le moulage à la cire perdue est incontestablement un procédé complexe. Cependant, comme le prouvent ce cerf ravissant vieux de 4 000 ans exhumé en Turquie *(en bas)* et cette broche moderne réalisée par Kurt Matzdorf *(extrême droite)*, cette méthode de précision, étant donné les résultats obtenus, justifie les efforts accomplis.

*Ce cerf en bronze, retrouvé dans les tombes royales d'Alacah Hüyük, en Turquie, donne l'impression d'être dressé sur une fourche. En réalité, les ramifications correspondent aux conduits d'arrivée du métal fondu. Au lieu de couper ces ramifications, l'artiste préféra les conserver et les insérer dans le motif.*

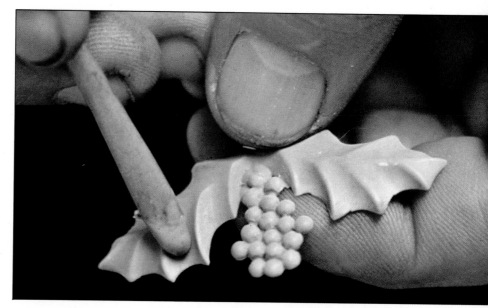

**1.** *Pour confectionner cette broche, l'orfèvre Matzdorf, exploitant la technique de la fonte à la cire perdue, commence par façonner une maquette de feuilles et de cénelles de houx en cire fondue. Puis, la cire étant encore chaude et molle, il travaille la surface de cette maquette de la pointe d'un bâton en bois. La maquette lui servira de noyau pour faire un moule en plâtre de Paris.*

**4.** *L'orfèvre renverse le moule sur un coussin d'amiante et verse l'argent fondu dans le cône formé par le socle de la maquette en le laissant couler d'un creuset maintenu par des pincettes. Le métal liquide s'écoule à travers le cône dans les masselottes, puis dans l'empreinte laissée par la maquette en cire.*

**2.** *La maquette est pourvue de tout un système de conduits à l'intérieur desquels le métal pourra s'écouler et par lesquels les gaz pourront s'échapper. Ces conduits — dont les plus larges sont dits masselotes et les plus petits trous d'évent — sont en cire jaune; ils ne seront pas affinés dans la mesure où ils ne feront pas partie du produit final. La base conique du modèle repose sur une planche.*

**3.** *Le fondeur place le modèle en cire dans un récipient cylindrique ouvert qu'il remplit de plâtre de Paris pour former le moule. On laisse ensuite durcir ce dernier avant de le cuire dans une étuve dont la température sera portée à 537° C. Aussitôt, la cire qui y est contenue fond et s'évacue en partie tandis que le reste brûle en laissant une cavité de la forme du modèle.*

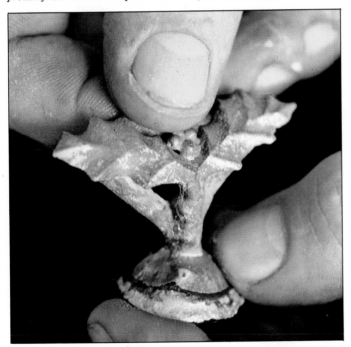

**5.** *Dès refroidissement et solidification de l'argent, le moule est plongé dans l'eau qui dissout le plâtre de Paris. Le produit ainsi obtenu est un objet en argent d'aspect grossier en forme de broche, mais auquel sont encore fixés les masselottes et les évents. Ces conduits sont alors coupés avec des ciseaux et la surface rugueuse de la broche est soigneusement polie.*

**6.** *La broche achevée, dont même les plus petites crevasses luisent, brille dans les mains de son créateur. Cet éclat tient au fait que la broche a été plongée dans un bain « décapant » acide pour enlever les impuretés superficielles que le moule a pu laisser, et a été lissée méticuleusement pendant des heures avec une agate dure.*

# Grenetage : fixation de minuscules rosettes en or

Quand il mourut 3 000 ans environ avant notre ère, le roi égyptien Toutankhamon fut inhumé avec les objets les plus précieux de la région. Rien ne permet d'évaluer le nombre d'artistes et d'artisans qui travaillèrent à la réalisation de ce trésor funéraire, mais l'un d'entre eux était passé maître dans la technique qui porte de nos jours le nom fort peu romantique de grenetage. Il réalisa, par exemple, deux poignards au manche orné de diamants et de motifs entrelacés *(à droite)* faits de minuscules rosettes en or, des granules, à peine plus grosses que des graines de pavot.

Seuls quelques artisans ont, de nos jours, le talent et la patience de procéder à ce travail de grenetage, technique oubliée pendant des siècles et qui ne fut redécouverte que dans les années 20. Cornelia Roethel, orfèvre vivant et travaillant à New York, dévoile ses propres techniques, expérimentées et parfaites depuis sa jeunesse. Nul ne sait évidemment jusqu'à quel point la méthode de Roethel ressemble à celle des fondeurs égyptiens. Certes, ses outils et matériaux sont modernes mais les principes auxquels elle se réfère sont aussi vieux que le monde et les résultats qu'elle obtient rivalisent à leur manière avec les travaux accomplis par le maître égyptien à une époque désormais révolue.

*Ornant le manche de l'un des poignards du pharaon Toutankhamon, des motifs géométriques entrelacés de granules en or estompent presque l'éclat des bandes colorées de pierres bleues, vertes et rouges et de l'émail.*

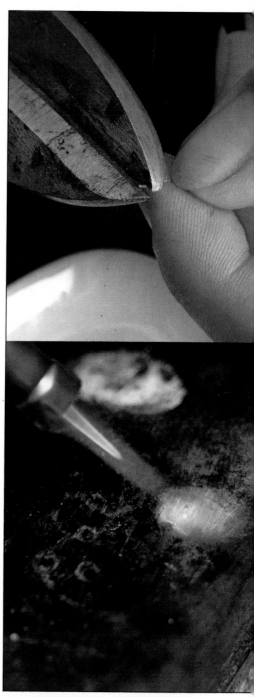

**1.** *A partir d'un fragment de fil en or extrêmement fin, Roethel taille, au ciseau, des morceaux de 1,25 mm de long qu'elle laisse tomber sur un morceau de charbon de bois (en haut). L'intensité de la chaleur émise par la lampe à souder contracte les morceaux minuscules d'or en rosettes parfaites.*

**2.** *A l'aide d'un pinceau en poil de martre et d'un produit chimique, l'orfèvre peint un motif sur une calotte en or — qu'elle transformera en boucle d'oreille — maintenue sur une pointe en acier.*

**3.** *Disposant les unes après les autres les minuscules rosettes sur la boucle d'oreille, l'artiste les chauffe de temps à autre afin de les fixer partiellement.*

**4.** *Une fois les granules mis en place — après quelques chauffes supplémentaires et l'application d'une autre couche de peinture de produit chimique plus fort — la boucle d'oreille est soumise à cuisson dans une étuve portée à 650° C. Au contact de la boucle d'oreille et des granules, l'or fond et se soude.*

**5.** *Après avoir laissé refroidir la boucle d'oreille et l'avoir plongée dans un décapant pour enlever toutes les impuretés incrustées en surface, l'orfèvre l'observe attentivement pour vérifier si chaque granule est solidement fixé à la calotte et aux granules voisins par un « col » en or presque invisible.*

# Chapitre quatre :
# Le fer, métal à la portée de tous

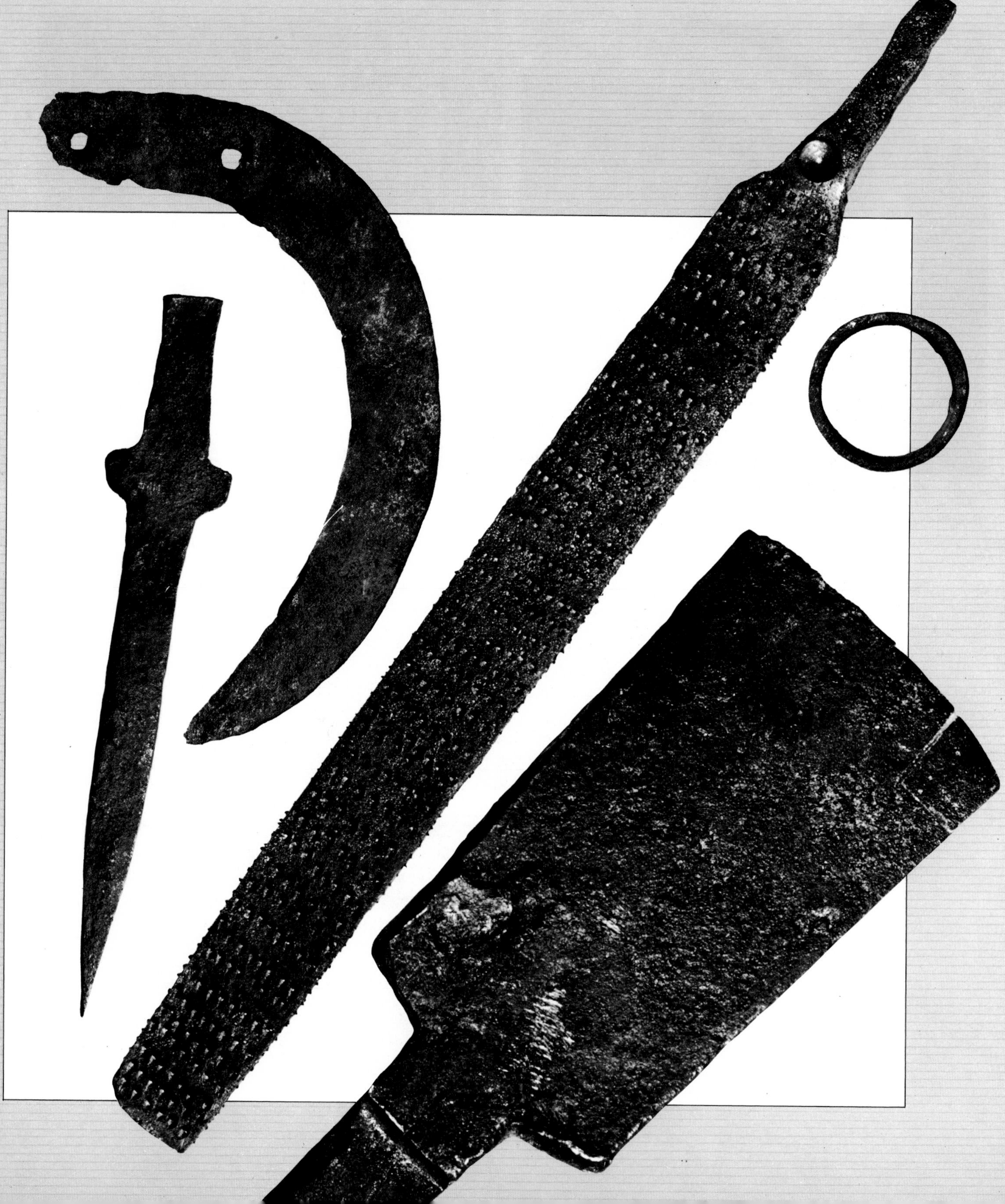

Du haut d'une colline s'élevant à pic au-dessus de la plaine onduleuse du centre de l'Anatolie, on aperçoit deux énormes blocs de rochers. Ces derniers surplombent un ravin profond, au-delà duquel des chaînes de collines s'étendent à perte de vue. Seuls quelques arbres égayent cette région aride, balayée par les vents; quelques herbes rases et broussailles éparses tapissent le sol érodé et rocailleux. Et, pourtant, jadis, une forteresse toute-puissante se dressait sur cette colline, dominant d'un air menaçant la plaine environnante. Encerclée par d'énormes murailles, s'étendait une ville hautaine, pleine de temples et de palais, régie par des monarques invincibles dont le pouvoir rayonnait au-delà des confins de l'Anatolie.

Trois millénaires se sont écoulés depuis le règne de son dernier roi. Les écrits relatant l'histoire de cette ville, en signes cunéiformes incisés sur des tablettes en argile, décrivent les conquêtes militaires, les intrigues, l'art de gouverner et les exploits d'un peuple dont on ignorait encore l'existence il y a un siècle à peine, mais qui, comme on le reconnaît désormais, fut parmi les nations les plus puissantes de leur temps : il s'agit des Hittites.

Les Hittites furent des hommes talentueux aux idées avancées. D'origine indo-européenne, ils envahirent brusquement l'Anatolie en force, 2 000 ans environ avant notre ère, apportant avec eux depuis leur terre natale — quelque région située au-delà des chaînes du Caucase — l'art de fondre, de couler le cuivre et le bronze. Ils imposèrent leur culture aux peuples qu'ils dominèrent et qui, pourtant, étaient déjà versés dans le traitement des métaux. Ce sont eux qui, croit-on, tirant parti des ressources en fer de l'Anatolie, extrayèrent par fusion pour la première fois le fer de son minerai.

*Ces différents outils en fer mis au jour à Thèbes et remontant au VII<sup>e</sup> siècle avant Jésus-Christ montrent comment le métal — jadis plus rare que l'or — finit par être mis à la portée de tous dès que les hommes apprirent à fondre du fer extrait de gisements immédiatement disponibles. Les outils présentés ci-contre sont, dans le sens des aiguilles d'une montre et de gauche à droite: un ciseau, une faucille, une râpe ou une lime, un anneau de renfort de manche en bois et un ciseau à lame élargie.*

Quand on sait que les hommes s'étaient déjà familiarisés avec les métaux depuis quelque 7 000 années, on peut évidemment trouver surprenant qu'ils n'aient pas, entre-temps, exploité le fer un tant soit peu. Mais, en fait, cela s'explique aisément. La totalité des connaissances techniques acquises au fil des années sur le travail du cuivre et du bronze ne s'appliquaient pas au fer. La fonte du cuivre, par exemple, était aisée, même dans un four des plus archaïques; celle du fer, elle, nécessitant une température de fusion de 2 000° C, ne l'était guère. On pouvait modeler à froid le cuivre par martelage, mais il fallait porter le fer au rouge pour le rendre malléable. Le cuivre, une fois fondu, laissait les impuretés du minerai flotter en surface sous forme d'une gangue aisément détachable. Il fallait, par contre, extraire les impuretés du fer en martelant le métal encore incandescent.

En conséquence, l'exploitation du fer était conditionnée par ce qu'on pourrait appeler une révolution technologique. Sur le plan pratique, elle dépendait aussi de l'invention d'un outillage entièrement nouveau. Les forgerons ne travaillèrent le fer avec profit que lorsqu'ils eurent à leur disposition des pincettes pour tenir le métal incandescent. De nos jours, un forgeron dispose de plus d'une douzaine de pincettes différentes, allant des simples tenailles à usages multiples aux pinces serre-tubes pour tenir des objets tubulaires. Il fallut certainement plusieurs siècles aux premiers forgerons pour mettre au point ne serait-ce que les quelques pincettes dont ils se servirent — sans parler de la conception initiale des pincettes proprement dites.

Finalement, quand on se demande pourquoi le fer apparut sur scène aussi tardivement, il faut également préciser que, contrairement au cuivre, le fer à l'état naturel est plutôt rare. On le trouve principalement dans les météorites qui, en fait, ne tombent sur la surface de la terre qu'en nombre très restreint et à de longs intervalles. Et encore, tous ne contiennent pas du fer immédiatement exploitable. Certains d'entre eux, les aérolithes, ne contiennent que de la pierre. D'autres, les sidérolithes, contiennent à la fois de la pierre et du fer — le fer étant incrusté dans la pierre comme le seraient des raisins dans un cake. Seuls les sidérites, météorites que coulèrent fréquemment les tout premiers fondeurs du Proche-Orient, contiennent presque uniquement du fer. On comprend donc pourquoi les Sumériens appelèrent cette forme de fer le « métal céleste » et pourquoi l'Ancien Monde lui attribua une valeur supérieure à celle de l'or.

Les sidérites — météorites métalliques — sont de toutes tailles, puisque l'on trouve aussi bien des pelotes de quelques grammes que d'énormes masses de matériau pesant des centaines de tonnes. Nul ne sait comment les hommes préhistoriques extrayèrent des morceaux de fer exploitables des météorites, mais l'étude des mœurs de tribus primitives, comme celles des Esquimaux et des Indiens d'Amérique, fournit de précieuses indications sur le mode d'extraction qui fut peut-être utilisé.

En 1894, l'explorateur Robert Peary trouva par hasard dans la baie de Melville, au Groenland, trois météorites massifs, grâce auxquels les Esquimaux s'approvisionnaient en fer. L'un de ces météorites gigantesques, que les Esquimaux avaient appelé La Tente, pesait à peu près 36 tonnes; les deux autres, qu'ils avaient dénommés La Femme et Le Chien pesaient chacun trois tonnes et demie environ. Depuis plusieurs générations, des artisans esquimaux débitaient ainsi de petits éclats de fer de ces trois météorites en martelant inlassablement les contours à l'aide de percuteurs en pierre. Ils ramassaient ensuite les morceaux, dont chacun mesurait peut-être moins d'un centimètre de section, et les calaient dans les rainures allongées d'un morceau d'os ou d'une défense de morse pour confectionner quelque couteau à bords denticulés. Autour de La Femme, des débris, résultant de cette opération d'extraction des plus archaïques, jonchaient le sol sur plusieurs mètres d'épaisseur. Peary fut tellement fasciné par ce météorite qu'il le fit transporter jusqu'aux États-Unis. De nos jours, il est exposé au Hayden Planetarium du Musée américain d'Histoire naturelle à New York.

*Dans une vaste forge allemande du XVIe siècle, où l'on fait de l'acier, la mécanisation promet d'accélérer le rythme de production. Le four en forme de cheminée alimenté au charbon de bois est ventilé par un soufflet géant actionné par un système hydraulique. Les pièces de métal extraites du foyer sont forgées par un marteau à bascule (à gauche, au premier plan) puis, encore « incandescentes, elles sont plongées dans de l'eau courante glaciale pour être trempées.*

Plus au sud, les Indiens américains travaillèrent apparemment des météorites de la même manière, enfonçant des ciseaux en cuivre dans les interstices de la roche pour en détacher des éclats de métal. Ainsi, on a découvert, au nord du Mexique, dans le célèbre météorite Descrubidora, qui pèse 3/5e de tonne environ, la lame brisée d'un ciseau en cuivre. Il semble qu'une expédition de ramassage de fer ait été interrompue brutalement et, peut-être, de tragique façon, il y a très très longtemps.

La gamme des objets fabriqués à partir d'un fer météorique par les anciens forgerons est en fait limitée et uniforme. La plupart d'entre eux sont décoratifs. Le Cimetière royal d'Ur, par exemple, contenait quelques fragments rouillés de fer dont on ignore encore la véritable fonction. A Alacah Hüyük, en Anatolie, site datant du troisième millénaire avant J.-C., les archéologues exhumèrent une épingle en fer à tête revêtue d'or, ainsi qu'un fragment de plaque en forme de croissant. Exemple quasiment unique d'armes en fer — une hache d'armes d'apparat façonnée dans du fer météorique, 1 500 ans environ avant J.-C., fut mise au jour en Syrie, dans un site portant le nom de Ras Shamra. En Égypte, deux sites vieux de 6 000 ans, situés le long du Nil, recélaient des perles de fer, une amulette en fer dotée d'une tête en argent et une lame de couteau en fer. De la célèbre tombe de Toutankhamon provient également un poignard en fer pourvu d'un manche ravissant en or, si bien préservé par la sécheresse du désert que la lame polie est à peine rouillée. A Cnossos, en Crète, une tombe minoenne datant de 1 800 ans avant notre ère, contenait un cube mystérieux de fer météorique.

Par contre, dès que l'homme commença à extraire le fer par fusion au lieu de débiter le métal des météorites, la situation changea complètement. Les minerais de fer se trouvent en quantité non négligeable dans l'écorce terrestre et si près de la surface qu'ils sont faciles à exploiter. C'est parce qu'il était abondant et accessible que le fer supplanta ultérieurement le cuivre et le bronze en tant que matériau de fabrication des outils. Toutefois, ce passage

# La magnificence oubliée d'Hasanlu

Au cours du IXe siècle avant J.-C., la ville fortifiée iranienne d'Hasanlu fut mise à sac et incendiée par une armée d'envahisseurs. Cette destruction fulgurante et l'abandon de la ville qui en résulta — on en aperçoit les ruines sur la photographie aérienne de droite — contribuèrent, néanmoins, à la conservation de certains de ses vestiges ensevelis jusqu'à nos jours sous les débris. Au cours de ces dernières années, on retrouva par exemple l'une des plus importantes cachettes d'objets métalliques anciens jamais découvertes sur l'ensemble des territoires irakien et iranien — entre autres objets, un bol en or et un gobelet en argent orné de scènes de chars de combat. L'abondance des artéfacts en fer exhumés — en dépit de leur incrustation de rouille — incite à penser que la ville fut détruite alors que l'âge du fer y avait atteint son plein épanouissement.

*Jadis l'un des centres d'extraction des métaux les plus prospères du Proche-Orient, la ville d'Hasanlu (à droite) n'est plus, de nos jours, que ruines poussiéreuses gisant dans une vallée iranienne. Le tertre central était une forteresse au pied de laquelle s'étendaient habitations et ateliers. Les murs en briques (en haut) sont les seuls vestiges d'une maison à deux étages où l'on retrouva une lampe en fer posée sur un trépied en fer.*

du cuivre et du bronze au fer n'eut pas lieu immédiatement. Il fallait tout d'abord découvrir la manière de fondre le fer de son minerai, puis apprendre à convertir le métal fondu en un outil ou un instrument fonctionnel. Aucune de ces étapes ne dut être franchie aisément, car la conversion du minerai de fer en métal, puis de ce métal en un objet fonctionnel est de loin plus complexe, techniquement parlant, que la fabrication de ce même objet à partir du cuivre ou du bronze.

Vraisemblablement, comme pour le cuivre, c'est au hasard que l'on doit la découverte de la possibilité d'extraire du fer à partir de tel ou tel minerai. Certes, l'Ancien Monde utilisait déjà couramment des oxydes de fer ordinaires comme l'hématite, la limonite, la magnétite. L'hématite, par exemple, sous forme d'ocre rouge servait de colorant pour teinter les céramiques et pour saupoudrer le corps des défunts afin de redonner à leurs cadavres livides la couleur de la vie. Par ailleurs, l'oxyde de fer, sous l'une ou l'autre de ces trois formes, servait fréquemment à la fonte du plomb et du cuivre, opération au cours de laquelle le fer se combinait à la silice contenue dans le minerai et se transformait en scories qui fondaient et étaient finalement évacuées; si le four était alors suffisamment chauffé en atmosphère réductrice, on peut donc concevoir que de petits morceaux de fer relativement pur aient pu être également produits, conjointement au plomb, au cours du procédé de smeltage.

Il est par contre beaucoup plus difficile d'expliquer comment les hommes réussirent à fondre les minerais de fer de manière délibérée et systématique. Au même titre que les minerais de cuivre, ces derniers requéraient une température élevée et la présence de carbone pour enlever l'oxygène allié au fer dans le métal. Par contre, la fonte du fer est beaucoup plus délicate que celle du cuivre. Le feu devait, en effet, être attisé par un système de ventilation approprié et le métal devait être complètement enrobé de charbon de bois. S'il était exposé à une trop grande quantité de carbone, le fer risquait de devenir dur et cassant; s'il était exposé à l'air, il pouvait se réoxyder. Même quand l'opération était réussie, le fer était poreux et devait être martelé pour souder entre elles les particules du métal afin que le morceau de fer soit utilisable.

Dans un four archaïque, l'obtention d'une température assez élevée et d'un volume d'oxyde de carbone approprié nécessite le chargement d'une quantité considérable de combustible. Les premiers fours de fusion du fer, peu efficaces, nécessitèrent probablement 4 kg de charbon de bois pour obtenir 1 kg de fer fondu. On ne saurait donc s'étonner si les collines des différents territoires du Proche-Orient où les hommes procédèrent à la fonte des métaux furent finalement dépouillées de leurs forêts d'acacias et de pistachiers. En réalité, les besoins en combustible, dès le début de l'âge du fer, modifièrent radicalement le milieu environnant, altérant la fertilité du sol, érodant sérieusement la terre et chassant la faune qui avait vécu sur ces étendues boisées.

L'endroit où la fusion du fer eut lieu pour la première fois est aussi difficile à déterminer que celui du cuivre. Des objets en fer fondu datant de la première partie du troisième millénaire avant notre ère ont été retrouvés, disséminés de la Syrie à l'Azerbaïdjan. Et, pourtant, en dépit de l'aire de distribution de ces artéfacts, aucun four de fusion du fer, aucun crassier datant de cette période n'ont été exhumés dans cette région.

Le premier modèle de four de fusion du fer qui date d'environ 500 ans avant notre ère n'a pas été retrouvé au Proche-Orient, mais en Europe, dans un site des Alpes autrichiennes dénommé Hüttenberg. Les fours d'Hüttenberg ne sont qu'une série de cuvettes revêtues d'argile posées sur une sole en pierre carrelée. Les traces de charbon de bois et de scories incrustées à l'intérieur et autour de ces fours nous laissent entrevoir leur mode de fonctionnement. Le fond des cuvettes dut être couvert d'une couche de charbon de bois sur laquelle était empilée une charge de minerai concassé, recouverte à son tour d'une nouvelle couche de charbon de bois. Le minerai était littéralement enseveli sous le charbon de bois. Des sarbacanes ou des soufflets en cuir pourvus de becs réfractaires en céramique étaient sans doute plongés à même le combustible pour accroître la chaleur du foyer. Pour quelque raison inconnue, les fours d'Hüttenberg sont disposés par paires. Peut-être l'un des deux servait-il à la calcination préalable du minerai afin d'extraire certaines de ses impuretés avant la fusion; ou encore, peut-être un fourneau servait-il au smeltage du minerai alors que le second permettait de réchauffer le métal fondu pour l'adoucir en prévision du martelage.

Le produit final était un bloc spongieux, calciné et noirci, appelé bloom. Techniquement parlant, ces fourneaux correspondent aux premiers modèles de fours connus sous le nom de fours à loupes, c'est-à-dire l'un des deux modèles classiques utilisés pour l'extraction du fer de son minerai; c'est en fait le seul modèle dont aient pu disposer les anciens fondeurs, tant au Proche-Orient qu'en Europe. Le second, le haut fourneau, ne fit son apparition en Europe qu'au XIVe siècle *(page 85)*. Un haut fourneau permet de fondre le minerai, d'en extraire certaines impuretés comme la gangue et d'obtenir un fer fondu, que l'on doit soumettre à un traitement ultérieur pour le rendre utilisable. Le produit du four à loupes — la masse spongieuse, ou bloom — doit être maintenu à une certaine température et battu à plusieurs reprises pour que les impuretés puissent en être extraites. Par contre, après de vigoureux martelages, le fondeur obtient en fin d'opération une barre de fer forgé résistante et malléable.

Bien que le premier four de fusion du fer connu jusqu'alors eût été découvert en Europe, des fours similaires durent être utilisés au Proche-Orient, où des peuplades en pleine expansion en connurent sûrement le maniement. Les Hittites, par exemple, avaient déjà commercialisé le fer. Selon certains experts, ils auraient détenu le monopole de la fonte du fer; pour d'autres, ils auraient uniquement été mieux organisés que leurs contemporains dont les besoins en fer devenaient pressants. Incontestablement, si l'on se réfère aux témoignages laissés sur leurs tablettes en argile, le métal occupa une place prépondérante dans leur civilisation. Certaines inscriptions hittites énumèrent, en effet, les noms des monts métallifères de leur royaume, décrivent les présents d'objets en fer, offerts ou reçus comme marques de respect à la cour et ailleurs, et parlent du métier des forgerons en des termes fort élogieux qui témoignent des honneurs qu'ils recevaient.

De leurs forges, les Hittites firent parvenir leur fer à des clients en Égypte, en Syrie, et en Iran dans les villes phéniciennes de la côte libanaise. Parmi les documents hittites ayant survécu, se trouve ainsi une lettre passionnante datant du XIIIe avant notre ère, et jetant quelque lumière sur l'industrie proprement dite. Elle fut rédigée par un roi hittite, Hattusilis III, en réponse à une demande en approvisionnement de fer d'un roi assyrien. Hattusilis lui transmit cette réponse polie, promettant d'envoyer la marchandise, mais demandant à son client de marque un délai supplémentaire : « Quant au fer de qualité dont vous me parlez, ce dernier n'est pas disponible pour l'instant dans mes ateliers de Kizzu-Watna. Le moment ne se prête guère à la fabrication d'un fer d'aussi bonne qualité que celui dont je vous ai parlé. Mes forgerons fabriqueront ce genre de fer ultérieurement mais, pour l'instant, ils n'ont pas encore fini de le travailler. Dès qu'ils auront terminé, je vous le ferai parvenir. A ce jour, je vous envoie une lame de poignard en fer. »

Ce que Hattusilis entendait par « un moment ne se prêtant guère à la fabrication du fer » était peut-être une allusion à une « activité nocturne ». Les hommes qui ramassaient et traitaient le minerai étaient peut-être des fermiers qui, l'hiver venu, complétaient leurs ressources en fabriquant du métal pour le roi. Le métal était ensuite stocké dans les entrepôts royaux « sous scellés ». Il se peut que ces sidérurgistes paysans aient diffusé alentour leurs connaissances sur la fonte du fer. Chassés de leur terre natale lors du démantèlement, vers 1 200 avant notre ère, de leur royaume par des barbares venus d'Europe,

# Une fonderie vieille de 2 200 ans

Au v$^e$ siècle avant J.-C., la métallurgie européenne avait atteint un tel développement que les fondeurs, travaillant dans de petits ateliers semblables à celui qui est représenté ici, forgeaient jusqu'à 70 modèles d'objets en fer différents pour leurs clients : outils agricoles, armes et bijoux. La culture qui correspond à cette exploitation intensive du fer pendant 400 ans est appelée La Tène — du nom d'un site suisse où furent retrouvés, vers 1920, des objets typiques de ce faciès culturel.

Depuis lors, plusieurs centres relevant de la culture de La Tène ont été mis au jour dans plusieurs pays d'Europe centrale. L'un d'entre eux, en Basse-Autriche, fut même reconstitué dans le moindre détail grâce aux vestiges exhumés dans le site d'origine. Les artefacts retrouvés ont révélé que l'homme de l'âge du fer forgeait ses outils et ses bijoux en appliquant un procédé qui restera inchangé jusqu'au Moyen Age. Dans une hutte en chaume *(à droite)*, l'artisan faisait fondre le fer dans un puits creusé à même le sol où il déposait plusieurs couches de charbon de bois et de minerai de fer concassé. Il entretenait son feu en y envoyant de l'air à l'aide d'un soufflet en peau de chèvre ingénieusement agencé *(extrême droite)*.

*Reconstruit dans un musée autrichien, cet atelier de fondeur datant de 200 av. J.-C. est en bois et en chaume.*

*Cette vue intérieure de la hutte du forgeron donne une idée de ce que put être, 2 200 ans avant notre ère, un atelier de fondeur exploitant une technique vieille de 300 ans. Le sol et les établis sont en argile séchée au soleil; des poutres et des traverses en bois retiennent la toiture en chaume; des pierres encerclent le puits rempli de charbon de bois servant à la fonte et au forgeage du fer. Sur le banc, situé à gauche du poteau central, sont posés des pincettes, un ciselet, un martelet, une lime et divers outils de travail du forgeron; derrière, une enclume en fer est placée sur une souche en bois.*

*Ce soufflet en peau de chèvre, fixé par des lanières en cuir brut
à des tuyères en argile, repose sur un bloc de bois, face à un
puits en pierre contenant du charbon de bois. Les tuyères, permettant
d'insuffler l'air emmagasiné dans le soufflet, vont jusqu'à la
pierre perforée de la margelle du puits. Cette pierre permet d'éviter
que le soufflet ne soit trop exposé à la chaleur et ne prenne feu.*

## LAMINAGE DU FER

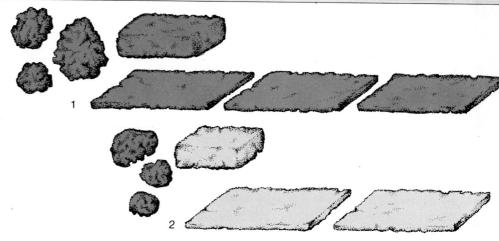

Au cours du I$^{er}$ millénaire avant J.-C., les fondeurs européens inventèrent un moyen de travailler le fer sans avoir à le faire fondre. Cette technique, dite paquetage, est schématisée à droite; on superposait deux feuilles de fer carburé, c'est-à-dire soumises à une chaleur intense pour qu'elles s'imprègnent du carbone émis par le charbon de bois. L'une d'entre elles, chauffée plus longtemps que l'autre, contenait plus de carbone et était, par conséquent, plus dure. Toutes deux, une fois superposées, donnaient une pièce suffisamment malléable pour être travaillée et modelée en un outil résistant et durable.

*Pour fabriquer une lame de hache (1), le fondeur faisait chauffer trois blooms de fer (masses noires irrégulières) et les martelaient en une barre unique; puis, il aplatissait cette barre en la martelant, et la découpait en trois morceaux.*

*Ensuite (2), il prenait trois blooms de fer plus petits. Comme précédemment, le fondeur les faisait chauffer et les martelait en une barre unique — mais, en diminuant la cémentation, il obtenait une barre plus malléable qu'il découpait ensuite en deux morceaux.*

équipés d'armes en bronze, les survivants hittites se réfugièrent là où ils le purent. Dès lors, la production de fer s'accrut considérablement dans tout le Proche-Orient, les centres de production de fer s'étendirent jusqu'en Grèce, Syrie et Italie, grâce peut-être aux connaissances transmises par les Hittites.

Citons ainsi parmi les grands centres de production du fer de cette période, l'ancienne ville d'Hasanlu (pages 86-87), au nord-est de l'Iran. Cette ville, semble-t-il, fut victime de la politique d'expansion de la ville voisine d'Urartu et connut une fin si rapide que ses ruines ont livré le genre d'artefacts grâce auxquels les archéologues parviennent à reconstituer en détail le mode de vie des peuplades ayant vécu au début de l'âge du fer.

La ville d'Hasanlu se développa à la croisée de plusieurs voies commerciales. A l'ouest, ces voies conduisaient, une fois les cols montagneux franchis, à l'Irak et à la Turquie. Au sud, elles menaient en Mésopotamie; au nord, en longeant les rives du lac d'Urmia, elles s'enfonçaient jusqu'au Caucase. Pendant des milliers d'années, la région avait attiré des envahisseurs. Assyriens, Urartéens venus de l'Arménie actuelle, Mèdes, Scythes, Perses, Parthes, Sassanides, Grecs, tribus du calife Uthman, Abbassides, Buwayhides, Seldjoukides, Atabeks Ildijiz, Mongols, Ilkhans, Jalayres, Turcomans, Safavides, Turcs ottomans, Kajars, Russes et Pehlvis — tous, à un moment ou à un autre, avaient envahi ce centre actif de l'Ancien Monde avant d'être, à leur tour, conquis. Au cours de cette période, soit 900 ans avant J.-C., des peuplades connues sous le nom de Mannaéens occupaient le centre commercial d'Hasanlu. Elles étaient gouvernées par un monarque doté de pouvoirs héréditaires dont le statut équivalait à celui d'un roi.

Hasanlu était alors une ville fortifiée aux murailles hautes de presque 9 m, épaisses de 3 m, surmontées à intervalles réguliers de tours de guet. A l'intérieur de ses murs vivaient uniquement des nobles et des prêtres, si l'on en juge d'après le style des ruines des édifices préservés. L'un de ces derniers, affecté peut-être à quelque cérémonie religieuse, possède un vaste hall à piliers dont la toiture est soutenue par des colonnes en peuplier de 6 m de haut. Des tuiles vernies, des vases délicatement peints, des bibelots en ivoire ciselé, des récipients à kohl en bronze pour le maquillage des yeux, toutes sortes de coupes (notamment un récipient modelé en forme de tête de cheval), des morceaux de tissu rouge à aigrette, un casque en cuivre revêtu d'herbes tressées, des vestiges de jardins, des rues pavées bordées de rigoles en pierre, tout cela donne une idée du confort dont durent jouir les notabilités d'Hasanlu.

Hors des fortifications de la ville, dans un village beaucoup plus modeste, vivait le menu peuple, dont au moins un forgeron. Sa demeure, baptisée la Maison de l'artisan par ceux qui la découvrirent en 1959, est bâtie de

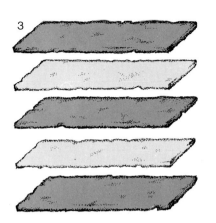

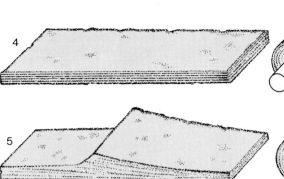

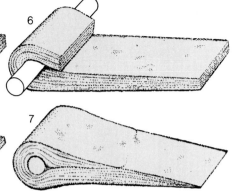

*Il superposait alors ces cinq feuilles (3) en veillant à placer le métal plus doux entre les lames de métal plus dur (le plus foncé). La pile ainsi obtenue — dite feuilletage — était alors chauffée et martelée pour former un seul bloc plat, dit « paquet ».*

*Le fondeur martelait ce « paquet » — dont les couches sont encore visibles — pour obtenir un objet qui ressemblait à un coin aplati en son milieu (5). Cette partie plate devait recevoir un pieu métallique autour duquel elle allait s'enrouler (6).*

*En chauffant et en martelant à plusieurs reprises le fer, le fondeur parvenait à amincir la lame et à en aiguiser le tranchant (8). Quant il enlevait le pieu, ce dernier laissait une perforation à l'intérieur de laquelle était inséré un manche en bois.*

plain-pied sur une assise en briques séchées. Dans la cour, furent retrouvés les restes d'un foyer, doté de deux chambres de chauffe, séparées par une paroi centrale et, non loin de là, un creuset ayant servi à fondre le métal avant de le mouler. La multitude d'objets exhumés à Hasanlu et les nombreuses techniques utilisées en vue de leur fabrication, témoignent des talents déployés par ce forgeron et par tous ses confrères. Certaines techniques étaient déjà fort élaborées. Le métal était réduit par martelage en feuilles d'un millimètre d'épaisseur et les maquettes en cire, destinées à la fonte à la cire perdue, fréquemment façonnées autour d'une matrice sculptée, de sorte que le moule d'argile définitif était un objet à trois dimensions très compliqué, à partir duquel on pouvait obtenir un moulage élégant, fin et léger, creux en son milieu.

Familiarisés depuis fort longtemps avec le travail du cuivre, du bronze, de l'argent, de l'antimoine et de l'or, les fondeurs d'Hasanlu ne semblent avoir eu aucune difficulté à s'adapter au nouveau métal — le fer. Dans le niveau d'occupation de la ville datant du début de l'âge du fer, les archéologues ont mis au jour un véritable trésor d'objets en fer — épingles, anneaux, bracelets, pendentifs, plusieurs centaines de boutons, ceintures et boucles de ceintures, marmites et cruches, clous, hampes de flèches, lames de faucilles, couteaux et poignards. Une scie en fer — un couteau dentelé, à proprement parler — fut également retrouvée parmi ces vestiges. Mentionnons encore d'autres objets fort mystérieux comme une louche et une spatule en fer, une fourche et plusieurs houes en fer, une oreillette en fer fixée sur un casque et une paire de pinces à épiler en fer.

Certains de ces objets portent des accessoires en bronze et en cuivre, rivés ou soudés. Pour d'autres, le second métal a été moulé à même le fer. Quelques poignards en fer, par exemple, possèdent un manche en bronze directement coulé sur le talon de la lame.

Si l'on observe au microscope électronique l'un de ces artefacts en métal, une lame de poignard, on inclinerait à croire que les forgerons d'Hasanlu avaient découvert l'acier. Pour obtenir un acier brut, il faut mettre en contact, à haute température, du fer et du charbon de bois (le fer absorbe le carbone de ce dernier); pour durcir l'acier, il suffit alors de le plonger brusquement par trempe dans de l'eau froide. Ce procédé, qui consiste à enrichir le fer en carbone, est connu, techniquement parlant, sous le nom de cémentation et permet d'obtenir de l'acier au carbone — c'est l'acier qui, de nos jours encore, est le plus répandu.

Aussi indéniables qu'aient pu être leurs qualifications dans le domaine de la métallurgie, les artisans d'Hasanlu n'influèrent peut-être pas de manière aussi sensible sur le cours de l'histoire de l'humanité que le fit l'avènement de l'âge du fer dans une autre région du globe, à quelque

4 800 km de là, au nord-ouest — c'est-à-dire en Angleterre. Cela se produisit cinq cents ans environ avant notre ère grâce à des peuplades dynamiques d'Europe centrale ayant appartenu à ce que l'on appelle désormais la culture d'Hallstatt.

Les habitants d'Hallstatt descendaient des peuplades dites des Champs d'urnes ayant vécu à l'âge du bronze et, comme leurs ancêtres, ils propagèrent les connaissances qu'ils avaient pu acquérir sur le travail des métaux. Ils étaient très habiles à travailler le fer : ils connaissaient par exemple le four à soufflet et la cémentation. Bien que n'ayant que peu utilisé le fer, ils contribuèrent amplement à l'évolution de l'âge du fer. Enrichis par leurs exportations de sel — extrait de mines locales — et de viandes salées, comme le bacon et le jambon, qu'ils vendaient, entre autres, à des clients italiens, les dignitaires d'Hallstatt purent se permettre de confier leurs travaux à une main-d'œuvre plus qualifiée. La longue épée d'Hallstatt ainsi que les combats équestres donnent, en quelque sorte, un avant-goût de la chevalerie médiévale.

Lors de leur expansion vers l'ouest, les peuplades d'Hallstatt finirent par gagner les îles Britanniques. Certes, d'autres métallurgistes les avaient précédés : les Peuples du campaniforme par exemple *(page 60)* s'y étaient déjà installés 2 000 ans avant eux et, le temps aidant, étaient devenus très habiles dans l'art de travailler le bronze. Mais l'Angleterre disposait, au fond de ses vallées montagneuses et sur les pentes de ses collines, de tous les matériaux nécessaires à l'avènement d'une véritable civilisation de l'âge du fer. Ses ressources en minerais de fer étaient, comme maintenant, très grandes : de ses 41 comtés, 29 ont fabriqué du fer à un moment ou à un autre, depuis l'arrivée des peuplades d'Hallstatt.

Des archéologues ont exhumé une multitude de centres d'extraction du fer dans les îles Britanniques, parmi lesquels le plus intéressant se trouve être celui de Kestor, site voisin de la ville de Chagford, dans le Devon. On y trouve en effet encore les vestiges de 27 huttes archaïques au sol en terre battue où, apparemment, des hommes séjournèrent pendant des siècles. Parmi les ruines de l'une de ces huttes se trouve un four de fusion : un puits de 39 cm de large, creusé à même le sol. A proximité, se dresse un rocher auquel fut peut-être fixé un soufflet; enfin, les débris retrouvés au fond du puits s'avèrent être, après analyse, un mélange de fer et de charbon de bois. Apparemment, le fer fut extrait de l'un des minerais de la région, peut-être du « fer des marais », ainsi appelé car on le trouve dans les marais. (Étant donné l'action opérée par les eaux superficielles de ces marais sur des matières organiques en décomposition, des gisements de fer se forment parfois dans les lacs à raison de plusieurs centimètres en quelques décennies.) C'est ce minerai élémentaire qui répondra, des siècles plus tard, aux besoins en fer des Pères Pèlerins américains au cours de leurs premières années passées dans la nature hostile de la Nouvelle-Angleterre.

Un second puits retrouvé à Kestor, installé près du four de fusion, semble avoir été affecté à une toute autre fonction. Le revêtement en argile de sa sole fut rougi par la chaleur des flammes et contenait encore des restes de charbon de bois et de cendres, ce qui donne à penser que ce dernier avait peut-être servi de forge à un forgeron qui y aurait fait chauffer son fer fondu pour ensuite le marteler.

Aussi rudimentaire que puisse paraître le four de Kestor — ainsi que tant d'autres comme lui —, le premier fondeur des îles Britanniques fut talentueux et prolifique. L'un des produits de son art, découvert à maintes reprises sur l'ensemble du territoire britannique, est un objet appelé « barre de monnaie » *(page 94)*. Ces barres ont deux formes distinctes : l'une est longue et effilée, l'autre plus courte et rectangulaire. Toutes deux furent peut-être des masselottes de lames d'épées. Mais les soldats romains, lors de leur invasion des îles Britanniques en 55 avant J.-C., crurent que ces barres servaient de monnaie en raison de leur taille et de leur poids normalisés, et du fait que des barres semblables servaient effectivement de monnaie dans d'autres pays européens. « Comme monnaie »,

écrit Jules César, décrivant les tribus britanniques dans *La Guerre des Gaules,* « ils utilisent soit du bronze, soit des pièces en or, soit des barres en fer de poids fixe. »

Outre ces lames semi-œuvrées, nombre d'épées délicatement finies ont été retrouvées — rongées malheureusement, pour la plupart, par la rouille. Celles qui se trouvent encore en bon état, cependant, prouvent clairement que les fondeurs britanniques connaissaient non seulement la cémentation, mais n'ignoraient pas non plus une autre technique, le paquetage, c'est-à-dire la production de fer laminé *(pages 92-93)*. Au cours de ce traitement, ils chauffaient, puis martelaient pour les souder des morceaux de métal. Ce faisant, ils enlevaient les impuretés et, par là même, amélioraient progressivement la qualité du métal. De même que le contre-plaqué, le fer laminé est extrêmement résistant et malléable. Affiné, il permit par la suite d'obtenir des aciers fins qui servirent à faire les épées de Damas et celles de Kamakura au Japon au XIIe siècle.

Dès 100 ans avant J.-C., les fondeurs britanniques se servirent de feuilles de fer laminé pour fabriquer des cerceaux de tonneaux et des cercles de roues de chars — révolution dans le domaine des transports comparable, pour l'époque, au passage des cercles en fer aux pneus en caoutchouc. La confection d'un cercle en fer fut une réalisation considérable. Les experts métallurgistes découvrirent, après l'examen du cercle d'un char retrouvé dans le site de Llyn Cerrig Bach, au pays de Galles, que le fondeur avait forgé ce cercle en plusieurs étapes. Pour commencer, il avait pris de longues feuilles de fer qu'il avait martelées pour obtenir des bandes minces de métal cémenté. Puis, il les avait soudées les unes aux autres et les avait à nouveau martelées pour faire une longue barre. Il avait ensuite coupé cette barre en morceaux qu'il avait empilés les uns sur les autres. Puis, après force martelages, il obtenait une autre barre laminée. Il répéta cette opération encore deux fois, au moins. Enfin, il avait obtenu une bande d'acier d'excellente qualité de 2,5 cm de large et de 2,7 m de long, suffisamment résistante une fois enroulée sur la roue — pour ne pas se rompre sur les sentiers les plus rocailleux.

Bien que l'on associe souvent le fer aux outils et aux armes de guerre en raison de son pouvoir tranchant et de sa résistance, les forgerons britanniques n'hésitèrent pas, eux, à en faire des objets utilitaires plutôt que guerriers. Le fer — moins onéreux que le bronze et immédiatement exploitable — commença à supplanter cet alliage pour la fabrication des haches, couteaux, rasoirs, socs de charrue, mors de chevaux, et toutes sortes d'accessoires utilitaires. Ils en firent des chenêts et des chaînes — entre autres, des chaînes de cou destinées aux prisonniers et aux esclaves. Certes, ces chaînes n'ajoutaient rien au confort du prisonnier et, pourtant, ce sont des objets d'art merveilleusement ouvragés; les chaînons sont joints les uns aux autres de telle sorte que la chaîne ne saurait s'emmêler.

Dans les îles Britanniques, en Europe ainsi qu'au Proche-Orient où commença la révolution des métaux, le forgeron avait appris à maîtriser si bien son matériau que, pendant des siècles, il n'eut plus grand-chose à apprendre. Il faudra attendre que la chimie dévoile tous les mystères de la composition et de la structure interne du métal — quelque 1 800 ans plus tard — pour que l'homme décèle dans les matériaux qu'il connaissait si bien de nouvelles propriétés. Entre-temps, le métallurgiste s'attacha principalement à parfaire et à polisser ses techniques. C'est ainsi que des fondeurs, issus de deux cultures différentes, s'avérèrent des artistes émérites. Bien qu'ignorant complètement les propriétés spécifiques des métaux, les Chinois façonnèrent de véritables merveilles en bronze. Au-delà du Pacifique, les Indiens américains parvinrent aux mêmes résultats avec l'or.

*Cette massue servit à la fois d'arme et de sceptre à Namur, roi égyptien.*

*Tête de massue en cuivre provenant d'Iran.*

# Contribution des métaux à l'art guerrier

Avec l'avènement des métaux qu'ils pouvaient transformer en outils et en armes de toutes espèces, les hommes entrèrent dans une période pleine de contradictions. Si les outils en cuivre, en bronze et en fer moins cassants que ceux en pierre permirent aux artisans de déployer tous leurs talents, ils n'en accrurent pas moins dans le même temps le pouvoir de destruction des guerriers. Parmi les premières armes modelées non plus en pierre mais en métal, il faut citer la massue de guerre dont la puissance fut aussi un symbole d'autorité. Sur le bas-relief ci-dessus, la force d'un roi égyptien est rehaussée par la massue qu'il brandit au-dessus de l'un de ses ennemis vaincus. Les pointes de la tête de massue étoilée en cuivre présentée à gauche, vieille de 2 000 ans environ avant notre ère, n'auraient guère pu être façonnées en pierre; elles donnèrent à l'arme une force destructrice inégalée.

# Arsenal de haches de combat

La possibilité d'obtenir avec le bronze et le fer des tranchants aiguisés et résistants permit aux hommes de fabriquer toutes sortes de haches de combat métalliques des plus redoutables — conçues pour tuer ou blesser l'ennemi par le tranchant ou par la pointe. La hache que l'on voit ci-dessous, pourvue d'une douille en bronze et d'une lame en fer (ouvrage rare à une période où le fer était encore aussi précieux que l'or), de par son étroitesse, put être utilisée comme sabre ou comme épée.

Cette hache en bronze, en forme de E, *(au centre à droite)* dont l'emmanchement vertical est fixé par des rivets et des liens à la lame, était utilisée comme un sabre. Cette lame allongée en bronze — dite épée-herminette — était en fait une hache de bûcheron dont seul le tranchant extérieur de la courbure était aiguisé.

*Ces guerriers égyptiens, qui vécurent 1 500 ans environ avant notre ère, que l'on voit porter des haches de combat, des arcs et des flèches, s'apprêtent à affronter leurs ennemis dans un combat au corps à corps.*

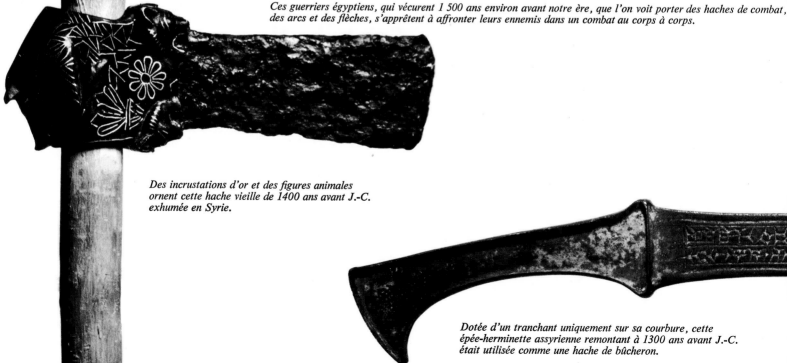

*Des incrustations d'or et des figures animales ornent cette hache vieille de 1400 ans avant J.-C. exhumée en Syrie.*

*Dotée d'un tranchant uniquement sur sa courbure, cette épée-herminette assyrienne remontant à 1300 ans avant J.-C. était utilisée comme une hache de bûcheron.*

*Cette hache européenne en bronze datant du VIIᵉ siècle avant J.-C., surmontée d'un cheval et d'un cavalier, appartint peut-être à un dignitaire.*

*Les perforations que l'on voit sur cette hache plate égyptienne firent office de trous d'emmanchement.*

# Panoplie de pointes meurtrières

Dès le début de l'âge du fer, l'armement de la plupart des soldats se composa non seulement de flèches dont les pointes métalliques étaient plus durables que celles en pierre, mais aussi de pointes de lance semblables à celle qui est représentée ci-dessous, renforcée par une arête et pourvue d'une douille de fixation au manche.

La dureté du cuivre, du bronze et du fer permit également aux forgerons de confectionner des lames de poignards robustes, à partir desquelles, par la suite, on put faire une nouvelle arme, qui n'aurait pas été réalisable en pierre : il s'agit de l'épée à lame droite qui deviendra l'une des principales armes de l'infanterie au cours des siècles suivants.

*Sur ce relief assyrien datant du VIIᵉ siècle avant J.-C., des guerriers munis de casques en métal, d'épées et de lances*

*Plus résistantes que la pierre, les flèches et les pointes de lance en métal, telles les armes en bronze exhumées en Europe centrale, purent être coulées en série dans des moules.*

à pointes métalliques, écrasent manifestement leurs ennemis qui, les affrontant soit à pied soit à dos de chameau, ne disposent que d'un armement léger et sont démunis d'armure.

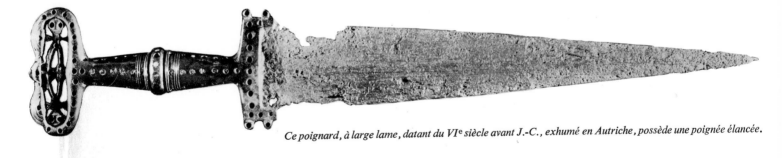

*Ce poignard, à large lame, datant du VIe siècle avant J.-C., exhumé en Autriche, possède une poignée élancée.*

*Le fondeur européen qui façonna cette épée bipenne à la fin de l'âge du bronze, la renforça d'une arête médiane.*

# Collection de boucliers et de casques

L'utilisation massive d'armes en métal entraîna l'emploi d'armures, de casques et de boucliers entièrement métalliques ou, plus souvent, en bois ou en cuir renforcé de plaques de métal ou orné de bossettes.

Les couvre-chefs des guerriers anciens furent aussi variés que les armes. Nombre d'entre eux, tel le casque conique en fer et le casque en bronze en forme de marmite, renforcé par des arêtes vives, furent purement fonctionnels. D'autres, comme le casque à cimier en bronze représenté à l'extrême droite, furent aussi bien décoratifs que fonctionnels.

*Ces guerriers balkans casqués, gravés sur un récipient en bronze du VIe siècle avant notre ère, portent des boucliers*

*Casque assyrien du VIIe siècle avant J.-C.*

*Des arêtes renforcent ce casque d'Europe centrale du VIe siècle avant J.-C.*

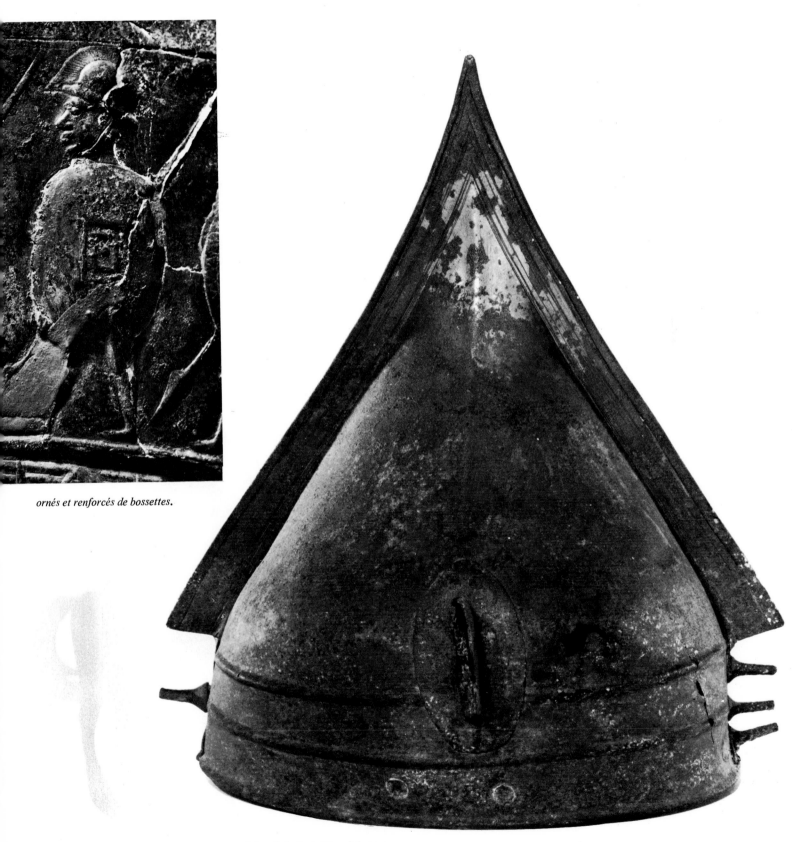

*ornés et renforcés de bossettes.*

*Un cimier surmonte ce casque exhumé en France et qui date de la fin de l'âge de bronze.*

# Mors pour rêner des chevaux de bataille

Dès que les casques, les boucliers et les armures rivalisèrent d'efficacité avec les armes en métal, la mobilité d'une armée devint un facteur décisif qui stimula le développement de la cavalerie et des chars de guerre. Pour les cavaliers et les conducteurs de chars désirant maîtriser au mieux leurs montures lorsqu'ils montaient à l'attaque des rangs ennemis, il était souhaitable d'avoir une bride pourvue d'un mors plus résistant que celui qui était fait de bois ou de corne. Là encore, la solution était dans le métal.

Le tout premier mors métallique, tel celui que l'on voit ci-dessous, fut constitué d'une simple barre placée en travers de la gueule du cheval et maintenue en place par des porte-mors. Dès que le cavalier tirait sur les rênes, le mors faisait fortement pression sur la langue de l'animal. Le mors à canon brisé, fort semblable à de nombreux mors actuels, fabriqué ultérieurement, était moins cruel — car il n'exerçait de pression que sur les angles de la gueule du cheval.

*Ce mors-de-bride en bronze, exhumé dans le Luristan à l'ouest de l'Iran et datant du VIIIe siècle avant J.-C. est doté de porte-mors en forme de mouflon. Sur le mors à canon brisé européen, les rênes furent fixées sur les anneaux; les petits trous servirent à attacher le mors à la bride.*

*Le roi assyrien Assurbanipal, représenté sur un relief de Ninive chevauchant sa monture bridée, possédait la cavalerie la plus terrifiante de l'Ancien Monde.*

# Chapitre cinq :
# Les Asiatiques, grands maîtres du bronze

Quittant la capitale de l'Iran, Téhéran, pour New Delhi, au cœur de l'Inde du Nord, le voyageur survole l'un des paysages les plus désolés du globe : les chaînes montagneuses de l'Afghanistan. Sur des centaines de kilomètres, heure après heure, il voit défiler des pics déchiquetés, des montagnes usées, des hauts plateaux arides, desséchés et jaunis, pratiquement dépourvus de villes et de villages. Et, pourtant, quelque 17 millions de personnes y vivent, descendants de tribus et de races qui, à travers les âges, ont envahi ce territoire. Des millénaires durant, l'Afghanistan servit pratiquement de plaque tournante au reste du monde, de voie de passage entre l'est et l'ouest.

Pour mieux comprendre le rôle joué par l'Afghanistan dans le passé de l'humanité, mieux vaut en revenir à l'époque où le monde était encore une terre inconnue. Durant cette période, existaient déjà trois aires de civilisation qui, pratiquement, s'ignoraient. La première se trouvait au Proche-Orient, la seconde sur le continent indien et la troisième en Chine. Rares étaient les habitants du Proche-Orient qui avaient osé s'aventurer jusqu'en Chine, et rares étaient les voyageurs chinois qui avaient fait une incursion dans les cités-états de Mésopotamie. Mais ceux qui l'avaient fait s'étaient chargés de précieuses offrandes d'épices, de soieries, de poteries décorées avec une délicatesse et une précision qui faisaient l'envie des potiers du Proche-Orient. Ils avaient également apporté avec eux des présents en métal d'une extraordinaire beauté et des contes fort étranges sur leur pays natal.

Or, l'Afghanistan se trouvait à la croisée des rares routes commerciales et de communication reliant le Proche-Orient à la Chine. A l'est du pays, un étroit corridor traverse les montagnes de l'Hindou-Kouch et du Pamir pour rejoindre les anciennes routes de la soie

*Le modelage minutieux des motifs de ce masque coulé en bronze, vieux de 2500 ans et exhumé en Chine septentrionale, témoigne de la maîtrise des fondeurs chinois de la dynastie Chang. On ignore toujours, toutefois, si l'introduction du bronze en Chine fut une importation du Proche-Orient — où la coulée du métal fit son apparition quelque 1500 ans plus tôt — ou une invention locale.*

de la province chinoise du Sin-Kiang. L'Afghanistan était donc relié aux activités commerciales de ces deux mondes. Sa situation géographique lui valut également bien des bouleversements sur le plan historique.

Deux mille ans environ avant notre ère, des groupes aryens venus de l'Asie centrale pénétrèrent en Afghanistan après avoir franchi sa frontière septentrionale, le fleuve Amou-Daria. Puis, en 540 avant J.-C., des Perses y firent également irruption et soumirent le pays depuis les forteresses du Sud de l'Iran. Alexandre le Grand traversa le pays en 300 avant notre ère avant de gagner l'Inde, et laissa derrière lui nombre de villes colonisées par les Grecs. A la mort de ce dernier, en 323 avant J.-C., l'Afghanistan fut envahi et conquis tour à tour par les Parthes, venus du centre de l'Iran, et par une tribu nomade venue du Nord que les Chinois appelaient les Yue-tche. Quelques siècles plus tard, Gengis Khan déferla sur le pays avec ses hordes mongoles, dévasta des villes entières et laissa, sur cette terre, des cicatrices encore vivaces.

Pendant tous ces millénaires, des caravanes ne cessèrent de parcourir les montagnes déchiquetées de l'Afghanistan, transportant de véritables trésors de l'est à l'ouest, rapportant en retour des produits tout aussi précieux, perpétuant les liens ténus entre deux grandes civilisations. On n'a découvert que récemment que cette région, outre les liens indispensables qu'elle assura entre la Chine et le Proche-Orient, pouvait également avoir servi à rapprocher les peuplades de ces deux territoires d'une troisième grande civilisation désormais disparue, située à mi-chemin du Proche-Orient et de l'Orient — dans la vallée de l'Indus, c'est-à-dire au Pakistan actuel. Cette civilisation surprenante, avec ses villes surpeuplées, ses ports fluviaux débordant d'activité, émergea de l'ombre, devint prospère et périclita en l'espace de 800 ans, et ce, dès 2 500 ans environ avant notre ère.

Survolant en direction du sud les hauts plateaux arides de l'Afghanistan, le voyageur aperçoit, témoignage du passé antique de cette région, une demi-douzaine de tertres d'où émergent à peine de la terre poussiéreuse les contours et les ruines de quelques habitations. Ces ruines ne sont guère éloignées de la ville florissante actuelle de Kandahar, située sur des collines brûlées par le soleil proches de la frontière de l'Afghanistan et du Pakistan, mais aucun signe de vie ne règne dans leur voisinage. Ce sont les vestiges de Mundigak, établissement qui servit jadis de relais le long des diverses voies de communication reliant les monts du Baloutchistan à la vallée de l'Indus.

Les archéologues ont découvert que la civilisation de la vallée de l'Indus travaillait le bronze — alliage que les habitants de cette région exploitèrent un peu après l'avènement de l'âge du bronze en Mésopotamie, mais quelque temps avant celui de la Chine. Les fondeurs de cette vallée furent des artisans émérites. Ils surent obtenir divers objets à trois dimensions à partir de fragments plats de métal; ils réussirent à couler le métal dans des moules ouverts, voire des moules fermés, grâce au procédé de la fonte à la cire perdue; ils parvinrent à assembler des métaux à l'aide de rivets et de soudures. Où acquirent-ils ce savoir? Leurs talents se développèrent-ils sur place, ou leur furent-ils inculqués par des artisans nomades ou des commerçants venus d'ailleurs?

Le mystère qui plane sur l'origine de la métallurgie dans la vallée de l'Indus s'étend, à vrai dire, à l'ensemble des territoires orientaux. Il faut bien avouer que ce mystère repose en partie sur le simple fait que nombre de fouilles restent encore à faire.

Quoi qu'il en soit, les trouvailles archéologiques accomplies jusqu'à présent tendent à prouver que le travail des métaux eut pour point de départ la Mésopotamie d'où il gagna l'Iran, puis se diffusa par la suite vers l'est jusqu'en Afghanistan. De là, à en juger d'après les dates d'apparition des métaux dans la vallée de l'Indus, il se propagea vers le sud où les habitants des établissements comme celui de Mundigak l'adoptèrent, puis traversa les montagnes du Baloutchistan.

Les ruines de Mundigak donnent une idée du cours éventuel de ces événements. Ses tout premiers habitants furent apparemment des tribus semi-nomades originaires de l'ouest qui apportèrent avec elles certains attributs d'une civilisation en pleine expansion : des poteries façonnées au tour et couvertes de motifs peints, des lames et des herminettes en cuivre modelées sur une enclume par martelage à froid. Or, ces objets en cuivre, dont on n'a, pour l'instant, retrouvé aucun antécédent dans la région, datent de 3 000 ans avant notre ère, c'est-à-dire qu'elles ont 2 000 ans de moins que les premières trouvailles en cuivre de Tépé Sialk, village iranien situé à 1 300 km de là, et 3 000 ans de moins que celles d'Ali Kosh, village implanté sur les versants occidentaux des monts Zagros, face à la plaine de Mésopotamie.

Pendant quelque temps, les nouveaux occupants de Mundigak continuèrent à travailler le métal comme ils l'avaient toujours fait auparavant; puis, peu à peu, leur style devint plus original. Une épingle en cuivre typique de Mundigak, dont la tête est pourvue d'une double spirale, ressemble par exemple étrangement aux épingles retrouvées sur le littoral oriental méditerranéen, mis à part le fait que ses spirales — fantaisie, sans doute, de quelque artisan — sont enroulées en sens contraire.

Puis, vers 2 500 ans environ avant notre ère, une révolution eut lieu dans le travail des métaux. Les habitants de Mundigak apprirent à allier le cuivre à l'étain ou au plomb pour faire du bronze; les objets en bronze qu'ils fabriquèrent, exécutés avec une grande maîtrise, se présentent sous forme de moulages fort savants; c'est, par exemple, le cas des haches et des herminettes à manches perforés. Or, la forme de ces deux outils rappelle celle des herminettes et des haches coulées vers 3 500 ans avant notre ère à Suse, l'une des toutes premières cités-états de Mésopotamie.

Pour expliquer cette ressemblance, il y a deux hypothèses: ou bien Mundigak fut le théâtre d'une nouvelle invasion de peuplades venues de l'ouest qui apportèrent avec elles de nouvelles techniques d'alliage et de coulée des métaux, ou bien l'établissement reçut la visite de commerçants et de forgerons itinérants qui firent connaître aux habitants le nouveau métal et son usinage. Ces deux hypo-

*Cette étrange figure de forme humaine, vieille de 3000 ans, n'est que l'un des nombreux artefacts retrouvés entre le Gange et le Jumna, dans le Nord de l'Inde. Selon certains archéologues, cet objet aurait été une arme de chasse : lancé dans les airs, il pouvait assommer ou lacérer une proie vivante.*

thèses sont toutes deux vraisemblables, encore que la dernière permette d'expliquer comment la métallurgie s'étendit à l'ensemble des territoires orientaux. Tels des oiseaux migrateurs, les commerçants et les forgerons auraient, en somme, semé sur leur passage les fruits de leurs connaissances et de leur culture.

Il se peut également que ces connaissances métallurgiques, diffusées vers le sud depuis Mundigak jusqu'à la vallée de l'Indus, aient été transmises à un autre groupe de peuplades vivant encore plus à l'est. A quelque 130 km de la vallée de l'Indus, dans une autre vallée formée par le Jumna et le Gange, des métallurgistes fabriquèrent leurs outils agricoles et leurs instruments de pêche en cuivre plutôt qu'en bronze. D'une exécution parfaite, ces outils ont un style distinct. L'un d'entre eux, une hache de bûcheron, mesure 30 cm de long et pèse entre 2 et 3 kg. Un autre — un harpon barbelé — servit, si l'on se réfère aux peintures rupestres découvertes dans la vallée du Gange, à terrasser des rhinocéros. Ces outils furent fabriqués à la fois par coulée et martelage. Peut-être furent-ils conçus par des fondeurs nomades, car la plupart furent retrouvés dans des cachettes semblables à celles des forgerons itinérants de l'Europe et du Proche-Orient préhistoriques.

De tous les mystères qui pèsent sur l'histoire des métaux durant la préhistoire, aucun n'est aussi grand que celui qui entoure la Chine. Bien que n'ayant apparemment pas connu les progrès techniques survenus au Proche-Orient, les artisans chinois apparaissent, au lecteur d'ouvrages savants spécialisés, comme des maîtres incontestés. Ils semblent, en effet, avoir tout fait, mieux, plus tôt et plus facilement que leurs semblables occidentaux. Ils construisirent des fours plus puissants, atteignant des températures plus élevées, où ils purent faire cuire des poteries plus raffinées et fondre du bronze. Ils se servirent de ce métal pour fabriquer des récipients, des ustensiles, des sculptures, des armes et des armures que l'on compte parmi les plus belles du monde entier *(pages 113, 119-125).*

Ce cimetière mis au jour dans la ville ensevelie
de Anyang en Chine — l'un des sites qui
prouvèrent combien les anciens Chinois furent
d'éminents fondeurs — a 20 m de longueur
et 10 m de profondeur. Bien que pillée
d'une grande partie de son précieux contenu,
la sépulture n'en livra pas moins quelque
600 armes en bronze et deux récipients
rituels d'une finesse remarquable.

L'archéologie chinoise diffère, en de nombreux points, de celle de l'Occident. Premièrement, ses racines sont beaucoup plus profondes. Déjà à l'époque de la dynastie Tcheou qui dura de 770 à 220 ans avant notre ère, les Chinois étudiaient leur préhistoire. Le philosophe Han Fei Tzu, par exemple, situa l'ancienneté de son peuple en se référant, comme le font encore actuellement les archéologues, à des vestiges de poteries :

« Quand Yao gouverna le monde, les peuplades mangèrent dans des récipients en argile et burent dans des gobelets en argile; Yu inventa quant à lui des vases rituels dont il peignit l'intérieur en noir et l'extérieur en rouge. Les peuples Yin... gravèrent leurs ustensiles domestiques et incisèrent leurs jarres à vin. »

Néanmoins, aux yeux des experts actuels, ce commentaire du philosophe Han sur les peuplades soumises aux souverains Yao, Yu et Yin relève, en dépit des précisions qu'il donne, de la légende chinoise — c'est-à-dire d'un passé révolu et n'ayant vraisemblablement pu laisser de traces. En outre, aucun érudit chinois ne se serait risqué, sans doute, à fouiller le sol et à profaner des tombes de peur d'offenser aussi bien ses ancêtres que ses dieux — scrupule qui entrava sérieusement les travaux de recherche des historiens chinois jusqu'au XXe siècle (alors que les pilleurs de tombes n'eurent pas un tel scrupule).

En réalité, les débuts de l'archéologie chinoise moderne remontent à 1928, c'est-à-dire au moment où l'on découvrit que l'une des plus célèbres dynasties — la dynastie légendaire des Chang — non seulement avait existé réellement mais avait laissé des preuves écrites. La preuve la plus manifeste du passé des Chang fut obtenue lors de la fouille d'un méandre du fleuve Huan, dans la province nordique du Ho-Nan, non loin du village actuel de Hsiao T'un. Le site qui se déploie sur quelque 2 400 ha, et auquel les villageois se réfèrent en parlant du « Grand Chang », est en fait Anyang, la capitale Chang, siège impérial de la première civilisation lettrée de Chine, qui connut son apogée entre 1600 et 1100 ans avant notre ère.

Contrairement aux sites archéologiques du Proche-Orient, dont nombre reposent sous d'épaisses couches de sable transporté par les vents ou sous le limon des fleuves avoisinants, Anyang livra ses secrets sans difficulté : certains de ses artefacts ne gisaient qu'à un ou deux mètres sous terre. Malheureusement, ce phénomène favorisa la cupidité des chasseurs de trésors qui, au risque de s'attirer les foudres de leurs ancêtres et de leurs dieux, non seulement endommagèrent les stratifications des différents niveaux d'occupation mais arrachèrent au sol plusieurs centaines de bronzes fins qui sont exposés de nos jours, avec la plus grande fierté, dans toutes sortes de musées de par le monde. Quoi qu'il en soit, nombre de trésors ont été préservés et les fouilles se poursuivent.

Les fouilles ont, en tout cas, permis d'éclaircir certains points; notamment les rites funéraires des Chang dont la ressemblance avec ceux du Proche-Orient est des plus frappantes. Les Sumériens et les Chinois conçurent manifestement les sacrifices humains de manière identique. Dans le Cimetière royal d'Ur, on retrouva, par exemple, les squelettes de plusieurs douzaines de courtisans et de domestiques ensevelis avec leur souverain. A Anyang, les tombes royales contenaient quelque 300 squelettes — nobles, reines, concubines, gardes, conducteurs de chars, chasseurs et officiers du palais — sacrifiés pour le service de chaque « Fils du Ciel » dans l'au-delà. Or, les inhumations sumériennes précèdent celles de la Chine de quelque 1 500 ans. On pourrait donc se demander une fois de plus si certains traits de la culture et de la technologie mésopotamiennes ne se propagèrent pas lentement vers l'est — mais cette fois jusqu'en Chine, à plus de 4 000 km de distance.

S'interrogeant sur ce point, les experts en sont depuis longtemps venus à la conclusion qu'il n'existe pas un nombre suffisant de preuves tangibles pour résoudre cette énigme. En théorie, il était possible aux métallurgistes iraniens de quitter le Proche-Orient pour rejoindre la Chine par les cols du nord de l'Afghanistan qui débouchent sur la province la plus occidentale de la Chine, le Sin-

Kiang. Ou bien encore, des forgerons caucasiens avaient pu traverser les steppes au nord de la mer Caspienne pour envahir cette même province du Sin-Kiang par l'Asie centrale. Il se peut enfin que de telles migrations n'aient jamais eu lieu et que la Chine, en supposant que certaines connaissances lui viennent du Proche-Orient, les ait acquises petit à petit par l'entremise de commerçants et de fondeurs nomades — voire par l'entremise de celle de ses propres voyageurs.

Même si ces contacts ont bien eu lieu, un autre problème demande à être résolu : dans quelle mesure cet apport de connaissances étrangères contribua-t-il à l'essor de la civilisation Chang au nord de la Chine ? Comme l'ont révélé des fouilles exécutées dans un site à 800 km à l'ouest de Anyang, l'ère des Chang fut immédiatement précédée par un âge de la pierre des plus évolués. Il semblerait donc que la civilisation Chang fut, sinon complètement du moins en grande partie, une invention chinoise. Les peuplades issues de ce faciès culturel vécurent en effet dans des villages agricoles où le système social était déjà organisé et hiérarchisé : il y avait des chefs, mais aussi des artisans spécialisés — entre autres des potiers.

La conception du four de ce potier néolithique — comme l'ont révélé certaines fouilles — était étonnamment avancée, et l'artisan savait déjà fort bien s'en servir. La sole de ce four, placée à ras de terre, était séparée de la chambre de chauffe, constituée par un puits creusé dans le sol. Une ouverture favorisait l'admission d'air et le four était sans doute fermé par une voûte en dôme. Mais, détails plus importants encore, ce four pouvait atteindre une température de 1 200° C et le potier pouvait contrôler non seulement l'intensité du foyer, mais aussi l'atmosphère régnant à l'intérieur de la chambre de chauffe. Bien avant l'avènement de la dynastie Chang, par exemple, les potiers chinois savaient qu'une atmosphère réductrice — c'est-à-dire pauvre en oxygène — permettait d'obtenir une céramique de couleur foncée, alors qu'une atmosphère riche en oxygène donnait des poteries claires bien que l'argile fût identique.

Grâce à ces températures élevées et à ces connaissances, les potiers néolithiques qui vécurent avant la dynastie Chang auraient été en mesure d'extraire par fusion du cuivre de ses minerais. Le firent-ils ? Il semble que non. Il incombera donc à la dynastie Chang de tirer parti des talents pyrotechniques des potiers et de donner le coup d'envoi à la métallurgie chinoise — et, ce, d'un seul élan.

Il n'y eut en Chine aucun âge du cuivre à proprement parler. A peine la métallurgie prit-elle son essor que les Chinois élaborèrent au plus vite du bronze et appliquèrent une technique spécifiquement chinoise pour le couler. Il se peut que les archéologues ne parviennent jamais à retrouver comment les Chinois apprirent à connaître le métal. On ne peut que s'émerveiller devant la rapidité avec laquelle ces derniers devinrent des spécialistes en la matière et réussirent à modeler des artefacts d'une beauté parfaite.

Les fouilles de Anyang ont permis d'exhumer la sole d'une forge en bronze et le four qui, sur un flanc de coteau la surplombant, fournissait le métal fondu pour l'opération de coulée. La sole de la forge était jonchée de fragments de creusets en argile — dits « casques de général », en raison de leur forme conique — de scories et de malachite verte. L'étain, semble-t-il, ne fut pas fondu dans cette forge. Sans doute était-il alors plus aisé de le fondre sur les lieux mêmes de son extraction et de l'acheminer à Anyang en lingots. (Avec un sens de l'anticipation admirable, des érudits Chang dressèrent les listes des mines de cuivre et d'étain exploitées par leurs forgerons; une vingtaine de mines, au moins, y sont mentionnées, la plupart d'entre elles se trouvant dans un rayon de 300 km de la capitale.)

Ce four surplombant la forge est relié à cette dernière par une tranchée revêtue de charbon de bois. La longueur de ce conduit — 8,5 m — donne une idée de l'intensité de chaleur obtenue dans le four; apparemment, le métal était tellement chaud qu'il restait liquide jusqu'au moment où il atteignait la sole de la forge; en d'autres termes, le smeltage, l'alliage et la coulée pouvaient être, en fait,

Ayant appartenu à un guerrier de la dynastie Chang, ce poignard en bronze est incrusté de minuscules turquoises. La complexité du décor incite à penser que le propriétaire de cette arme fut un dignitaire du régime.

Cette hache d'apparat en bronze, richement décorée, servit à immoler des victimes, humaines et animales, durant la dynastie Chang. La perforation servit à emmancher une poignée en bois.

Ce casque en bronze Chang, pourvu d'orbites masquées et de protège-oreilles, fut suffisamment résistant pour protéger le crâne du soldat sur le champ de bataille. Mais, pour éviter toute irritation, sans doute fut-il porté avec une doublure.

accomplis, pour plus de facilités, par le fondeur, en une seule et même opération.

Aussi surprenant que cela puisse paraître, il ne semble pas que les Chinois aient eu connaissance de la technique de fonte à la cire perdue, utilisée sur l'ensemble des territoires du Proche-Orient pour fabriquer des objets de forme complexe. Au départ, pourtant, en raison de la complexité de conception des bronzes Chang, les archéologues ont pensé que leurs créateurs avaient nécessairement dû connaître cette technique. Toutefois, après un examen plus attentif des bronzes et de certains moules en argile où ils furent élaborés, ils s'aperçurent que ces bronzes avaient été coulés dans des moules composés de plusieurs éléments *(pages 116-117)*.

Un examen plus approfondi révéla que les mouleurs en avaient rapproché les éléments de manière si ingénieuse que la plupart des jointures correspondaient aux plis naturels du contour de l'objet fini — c'est pourquoi ils étaient à peine visibles. En outre, il apparut que les mouleurs avaient souvent comblé ces jointures d'un filet d'argile. Une fois scellées avec le plus grand soin, elles étaient pratiquement invisibles. En dépit du travail qu'il fallait faire pour l'assembler — il y avait jusqu'à 10 morceaux séparés —, chaque moule ne pouvait être utilisé qu'une seule fois. Pour extraire le moulage en bronze, il fallait, en effet, casser le moule.

De tous les objets en bronze retrouvés à Anyang, aucun ne possède de véritable réplique. Et, pourtant, les forgerons ne façonnèrent pas toujours leurs moules à l'aveuglette. Les archéologues ont ainsi exhumé des maquettes types qui, selon eux, auraient servi à la fabrication de ces moules. Ces maquettes en argile, en pierre ou en métal sont recouvertes superficiellement de traits peints en rouge, correspondant sans doute aux changements que le mouleur escomptait apporter à son produit fini. Ces traits peints équivalent, par exemple, à des modifications dans le plumage d'un oiseau ou à des motifs décoratifs différents sur le rebord d'une coupe.

Sur la surface de ces maquettes, le mouleur appliquait

*Coulé il y a de cela 3500 ans par des fondeurs chinois exploitant pour ce faire une technique des plus originales (au verso), ce récipient rituel en bronze donne, à première vue, l'impression d'être une pièce parfaite, richement ornée et patinée. Mais, après examen aux rayons X (à droite) — méthode utilisée par les archéologues pour étudier les objets métalliques —, un défaut apparaît nettement.*

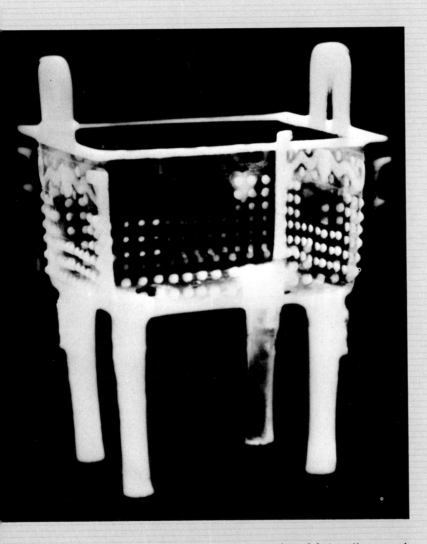

*Sur ce radiogramme du récipient, le pied droit arrière apparaît foncé — ce qui tend à prouver qu'un noyau d'argile cuite fut dissimulé à l'intérieur. Les experts en sont arrivés à la conclusion que l'argile a été utilisée pour réparer l'objet — soit au moment de la fabrication pour cacher un défaut, soit plus tard, après que l'objet eut subi un dommage.*

de l'argile humide, la laissait se solidifier sans pour autant qu'elle ne durcisse tout à fait, puis découpait et détachait cette enveloppe d'argile. En suivant le tracé des lignes rouges du modèle, il pouvait inciser certains détails de son motif dans l'argile humide ou rehausser en relief certaines parties avec quelques couches supplémentaires d'argile.

En examinant les bronzes Chang, les experts ont également découvert que les contours du motif interne s'harmonisent avec ceux de l'extérieur. Une bosse visible extérieurement correspond, par exemple, intérieurement à une dépression. Cet équilibre avait pour but de donner aux parois de l'objet en bronze une minceur uniforme. Les artisans entendaient peut-être de cette façon rendre l'objet plus léger ou, tout simplement, économiser leur matériau. A la différence de la technique du moulage, le procédé qui leur permit d'obtenir des parois aussi minces demeure un mystère.

Cet emploi de moules à pièces multiples permit donc aux fondeurs Chang de pratiquer une forme de coulée regroupée qui leur épargna peut-être bien des efforts. Plusieurs bronzes montrent, en effet, que leurs éléments furent prémoulés puis insérés dans le moule en vue de l'obtention du produit fini. Un modèle de gobelet appelé *kou*, par exemple, fut fabriqué de la manière suivante : l'artisan avait placé un disque en bronze prémoulé dans le moule pour qu'il serve de fond au gobelet *(page 125)*; il avait ensuite fait couler le bronze et le fond était devenu partie intégrante du gobelet.

La liste des objets coulés en bronze par les fondeurs Chang est presque illimitée, car les érudits chinois les définissent aussi bien en fonction de leur forme que de leur affectation. Selon eux, chacun des huit récipients différents de cuisson, les huit types de récipients à eau et les 14 types de coupes et de plats appartiennent à des catégories distinctes, suivant qu'ils sont pourvus d'un fond arrondi, d'un fond plat, d'un pied annelé, de trois ou quatre pieds, avec ou sans couvercles.

Cette liste est encore compliquée par les modifications

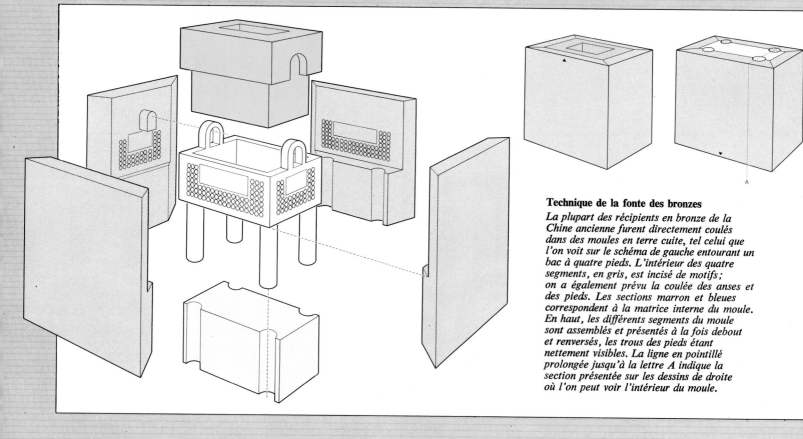

**Technique de la fonte des bronzes**

*La plupart des récipients en bronze de la Chine ancienne furent directement coulés dans des moules en terre cuite, tel celui que l'on voit sur le schéma de gauche entourant un bac à quatre pieds. L'intérieur des quatre segments, en gris, est incisé de motifs; on a également prévu la coulée des anses et des pieds. Les sections marron et bleues correspondent à la matrice interne du moule. En haut, les différents segments du moule sont assemblés et présentés à la fois debout et renversés, les trous des pieds étant nettement visibles. La ligne en pointillé prolongée jusqu'à la lettre A indique la section présentée sur les dessins de droite où l'on peut voir l'intérieur du moule.*

de style survenues au cours des 500 années de la culture Chang. Les premiers Chang eurent une forme relativement simple et leurs décorations — motifs géométriques ou dessins stylisés de tigres, de cerfs, de hiboux, d'éléphants, de buffles asiatiques, etc. — ont des traits d'une grande finesse. Plus tard, les formes s'alourdissent, deviennent plus rigides et le trait ornemental se transforme en ruban. Plus tard encore, le trait devient moins anguleux, les coins s'arrondissent et la différence entre représentations animales et dessins géométriques s'accentue. En fait, les motifs l'emportent alors que les éléments purement géométriques s'effacent progressivement.

Apparemment, les forgerons travaillèrent pour les personnalités nanties de la dynastie — ce qui explique peut-être la raison pour laquelle ils ne fabriquèrent qu'un nombre restreint d'outils en bronze. Parmi les centaines d'artefacts Chang en bronze exhumés jusqu'alors à Anyang, seuls quelques-uns furent des objets usuels, à savoir trois bêches et une dizaine de haches et herminettes en bronze.

Tous les autres — à en juger d'après l'endroit de leur exhumation et les inscriptions qui y sont gravées — furent fabriqués à l'intention de l'aristocratie et servaient à l'occasion des parties de chasse, des incursions guerrières, voire des innombrables cérémonies durant lesquelles les anciens Chinois parvenaient à communiquer avec leurs ancêtres et leurs dieux. La paysannerie ainsi que les artisans qui façonnaient avec tant de minutie les bronzes dans leurs fonderies durent se contenter d'outils rudimentaires en pierre et en bois de cervidés. Cette situation dura pendant quelque 1 200 ans jusqu'au moment où le fer — aussi bien en Chine, au Proche-Orient qu'en Europe — mit les métaux à la portée du menu peuple.

De toute évidence, les Chinois détinrent le secret de la fabrication du fer bien avant d'exploiter ce métal sur le plan pratique. Leurs fours atteignaient une température suffisamment élevée pour que le fer y fût non seulement extrait par fusion, mais fondu — traitement que les métallurgistes occidentaux ne parviendront à maîtriser qu'un millénaire plus tard. Les potiers chinois, par ailleurs, si habiles à obtenir des effets décoratifs complexes sur leurs récipients en argile connaissaient assez la chauffe en atmosphère réductrice pour obtenir le mélange critique de gaz nécessaire à l'extraction du fer de son minerai.

Et, pourtant, les Chinois n'exploitèrent ces connais-

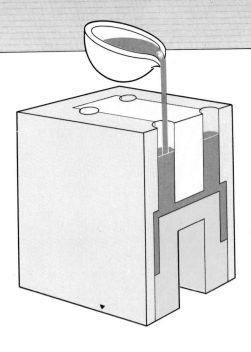

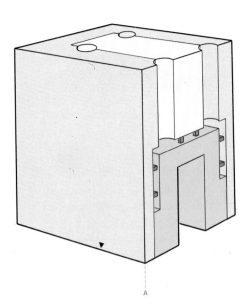

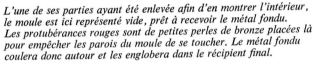

L'une de ses parties ayant été enlevée afin d'en montrer l'intérieur, le moule est ici représenté vide, prêt à recevoir le métal fondu. Les protubérances rouges sont de petites perles de bronze placées là pour empêcher les parois du moule de se toucher. Le métal fondu coulera donc autour et les englobera dans le récipient final.

Le bronze fondu, en rouge, est versé dans un axe de coulée qui constituera l'un des pieds du récipient. Comme n'importe quel liquide, le métal s'étale uniformément dans toutes les parties creuses du moule, repoussant l'air qui s'y trouve contenu. Ce procédé ne fut utilisé que par les Chinois de l'Ancien Monde.

sances qu'en 600 environ avant J.-C. — soit un bon millénaire après que les bronziers Chang eurent maîtrisé leur matériau. Peut-être ce retard s'explique-t-il en fait par une pénurie de la demande. Ne voyant dans le fer aucun attrait particulier, les aristocrates chinois durent inciter leurs fondeurs à le dédaigner. Peut-être ces mêmes fondeurs ne comprirent-ils la supériorité du fer en tant que matériau de fabrication des armes qu'au moment où leurs contacts commerciaux avec l'Occident s'intensifièrent.

Si l'âge du bronze en Chine s'étendit sur une très longue période, il n'en demeure pas moins que l'âge du fer, dès son apparition, s'imposa lui aussi avec une rapidité fulgurante. Tout à coup, des artéfacts en fer commencèrent à apparaître dans les sépultures chinoises, alors qu'auparavant on n'y trouvait que des objets en bronze et, ce, non pas au nombre de un ou deux, mais en multitude. Par ailleurs, ces artéfacts ne furent pas exclusivement faits de fer forgé, mais aussi de fer coulé — et coulé, comme l'avait été le bronze, suivant des formes particulièrement ingénieuses. Il est intéressant de noter que l'apparition du nouveau métal correspond au début d'une étape de l'histoire chinoise connue sous le nom de période des Royaumes en guerre, c'est-à-dire une période

de guerres civiles entre des royaumes rivaux qui avaient succédé à l'effondrement de l'autorité centrale de la dynastie Tcheou.

Au cours de cette période, qui dura 200 ans, les Chinois se servirent principalement du fer non seulement pour la fabrication des épées, mais aussi pour celle des socs de charrue. Haches, herminettes, ciseaux, bêches, faucilles et houes en fer sortaient des fonderies chinoises en grande quantité et aboutissaient aux paysans qui labouraient la terre, suscitant, par là même, une véritable révolution dans l'agriculture chinoise, voire dans l'aspect même du paysage. Muni d'outils plus perfectionnés, le paysan chinois put défricher et cultiver de plus grandes étendues de terrain, drainer des régions envahies jusqu'alors par des marécages, et même en irriguer certaines où, en raison de leur sécheresse, ne s'étendaient que des pâturages. Grâce à cette culture intensive, les terres parvinrent à nourrir une population sans cesse croissante dont le nombre excéda très vite celui de la main-d'œuvre nécessaire aux travaux agricoles. Cet excédent de travailleurs put se consacrer à l'artisanat dans les villes et les cités et, par là même, transformer le schéma de la vie urbaine.

Par tradition, la ville chinoise était restée un centre

religieux et civique, peuplé uniquement d'aristocrates chargés de l'administration de l'Empire : le prince, ses conseillers, ses mandarins militaires et barons, ainsi que les seigneurs, issus de la noblesse, qui lui servaient de fonctionnaires. Cette société privilégiée vivait fort confortablement au sein d'une ville fortifiée, entourée de champs labourés par les paysans.

Puis, la ville fut dotée d'une autre muraille enserrant extérieurement la première rangée de fortifications. A l'intérieur de cette nouvelle enceinte, se pressa bientôt une population active d'artisans qui installèrent leurs échoppes dans des rues où se regroupaient des métiers particuliers. Une section fut, par exemple, réservée aux bijoutiers, aux fabricants de bibelots, aux fourreurs et tanneurs, aux tisserands et couturiers. Les boutiques des pharmaciens s'alignèrent dans la même rue; les épiciers et les marchands de vin disposèrent eux aussi de leur propre secteur. Les ateliers de bronziers et de forgerons avaient également leur place dans cette ruche qui produisait des objets commercialisables afin d'enrichir les coffres de la ville — mais aussi fabriquait les armes qui permettront finalement à l'empereur Shih Huang, à la fin de l'époque des Royaumes en guerre, d'unir la Chine sous l'Empire Ts'in.

# Chimères en bronze

De la terre jaune de la Chine septentrionale, provient l'une des plus remarquables collections d'objets coulés en bronze jamais découvertes : des récipients rituels que confectionnèrent des artisans chevronnés de la dynastie Chang (1600 à 1100 avant J.-C.). Ensevelis avec les défunts, ils étaient remplis d'offrandes de viande et de vin, que les fondateurs de la civilisation chinoise considérèrent aussi essentiels pour le défunt que pour le vivant.

*Ce tripode de cuisson (en haut), appelé li-ting, est richement orné d'animaux mythologiques et d'un réseau d'arabesques. Ces volutes, reprises maintes fois sur la surface en bronze, eurent peut-être une signification symbolique : nuages annonciateurs de pluie pour les récoltes de millet et de riz, céréales qui, dès 1600 avant notre ère, faisaient déjà régulièrement partie du régime chinois.*

Ce rhinocéros au réalisme saisissant (à gauche) et ce gracieux récipient couvert de cornes de bélier abstraites et d'yeux de dragons globuleux (en haut) soulignent l'intérêt qu'accordèrent les artisans Chang aux animaux réels et mythologiques. Le rhinocéros trapu dont on distingue les ongles d'orteils et le repli du cou ne mesure que 22 cm de haut et — détail inhabituel — ne porte aucun décor. Les deux récipients, appelés respectivement tsouen et hou par les Chinois — contenaient des vins, dont au moins quatre variétés furent extraites du millet et du riz, durant la dynastie Chang.

La richesse de l'imagination des bronziers Chang transparaît sur ces trois vases à vin ornés de nuages, d'yeux de dragons et de divers motifs décoratifs abstraits. Les anses coulées des couvercles épousent la forme d'un petit éléphant (à gauche), d'un oiseau (au centre) et d'un dragon ailé (à droite). Le récipient à quatre pieds (à droite), utilisé pour chauffer le vin, possède des montants qui lui permettent d'être soulevé du feu; le récipient en forme de bouteille possède une anse arquée ornée de têtes de bœufs dressés et de serpents.

*Mammifère, oiseau et reptile sont rassemblés sur ce vase à vin,*
*ou kouang (à gauche), dont le versoir est coiffé d'une tête de félin,*
*le couvercle incurvé orné d'un masque de hibou aux yeux globuleux,*
*l'anse modelée en tête d'oiseau et la panse rebondie et couverte*
*d'écailles de serpent, façonnée sur le modèle d'un oiseau en train*
*de couver dont les pattes sont repliées sous le corps. Le très beau*
*couvercle est mobile afin que le vin puisse être versé dans un calice*
*en bronze, tel le kou élancé aux bords évasés représenté en haut,*
*délicatement orné des célèbres motifs Chang: nuages, cornes et yeux.*

Presque tout ce qui a trait à l'histoire de la métallurgie dans le Nouveau Monde diffère de la manière dont les hommes se servirent des métaux dans l'Ancien Monde — et ces différences sont fascinantes. En Amérique, les hommes découvrirent les métaux beaucoup plus tard, mirent au point des techniques totalement différentes et les classèrent selon une hiérarchie d'un tout autre ordre. Le cuivre, par exemple, joua un rôle primordial dès l'apparition de la métallurgie dans l'Ancien Monde. Ce sont le cuivre et ses alliages qui, le temps aidant, incitèrent les forgerons de l'Ancien Monde à fabriquer des outils usuels. Dans le Nouveau Monde, par contre, le cuivre ne suscita pas un intérêt particulier. Les fondeurs du continent américain préférèrent d'abord travailler l'or — choix qui fut décisif quant au rôle que jouèrent les métaux dans les sociétés précolombiennes américaines.

Il y a des raisons, bien sûr, pour expliquer les différences existant entre la métallurgie de l'Ancien et du Nouveau Monde, et on peut entrevoir certaines explications. Apparemment, les premiers Américains n'éprouvèrent pas le besoin d'échanger leurs outils en pierre contre des outils métalliques. Les maçons péruviens surent tailler et assembler des pierres de maçonnerie avec une telle précision qu'ils purent édifier leurs temples et leurs palais sans mortier — et, ce, avec des outils en pierre. Certes, dans la région des Grands Lacs nord-américains, où le cuivre naturel pouvait être détaché à coups de hache à même les flancs montagneux riches en minerais cuprifères, les Indiens l'utilisèrent pour faire des hampes de flèches et des pointes de javelots, mais ils n'apprirent jamais à soumettre le métal à une chaleur suffisamment intense pour le fondre. Apparemment, leur mode de vie ne les incitait guère à faire des efforts dans cette direction. Qui

*Cet étonnant moulage — unique en son genre — d'un dieu fut façonné au XIIIᵉ siècle environ après J.-C. par un orfèvre indien tairona dans ce qui constitue aujourd'hui la Colombie actuelle. Exploitant la technique de la fonte à la cire perdue (pages 134-135), il en orna la coiffure d'ailes, de têtes d'oiseaux et de filigranes délicats. La figure, un pendentif, ne mesure que 13 cm de haut.*

plus est, ils n'avaient jamais appris à cuire la céramique, comme cela avait été le cas pour les habitants du Proche-Orient et de la Chine qui, pour ce faire, s'avérèrent capables d'atteindre des températures fort élevées ainsi que de créer des atmosphères réductrices appropriées dans leurs foyers.

Mis à part ces motivations, il faut également tenir compte de la nature des matériaux disponibles. Si les forgerons de l'Amérique préhistorique vouèrent un tel culte à l'or, mais se désintéressèrent tant des métaux utilitaires, sans doute fut-ce en raison de l'abondance des gisements aurifères. Dans les Andes péruviennes, où se fit presque toute l'histoire de la métallurgie de l'Amérique préhistorique l'or existait peut-être en plus grande quantité que partout ailleurs dans le monde. A une époque très reculée, lors de la formation de la croûte terrestre, le magma aurifère se détacha du noyau en fusion de la terre et remonta en surface pour se fixer dans les roches devenues aujourd'hui les chaînes Andines. A ce stade, le magma se refroidit et, lors de l'érection des montagnes, les filons aurifères se trouvèrent exposés aux intempéries et à l'érosion. C'est alors que le métal se brisa en pépites et en fragments qui, par la suite, se déposèrent dans le lit des torrents.

En Amérique, les peuplades vécurent très isolées du reste de l'humanité; leurs ancêtres avaient en effet émigré depuis l'Asie 30 000 ans peut-être avant J.-C. à une époque où l'Asie était encore reliée au continent américain par un isthme devenu de nos jours la mer de Béring. Lors de leur dispersion de l'Alaska à la Terre de Feu, à l'extrême sud de l'Amérique latine, ils apprirent à vivre sous huit climats différents, se divisèrent en quelque 300 tribus de coutumes distinctes, fondèrent plus d'une douzaine de centres culturels spécifiques et créèrent quelque 2 000 langues différentes.

Et, pourtant, tous ces événements survinrent dans une sorte de cocon culturel. Lorsque le détroit de Béring s'effondra sous la pression de la montée des eaux vers la fin de la période glaciaire du Wisconsin, il y a 13 000 ans, les peuplades américaines se retrouvèrent coupées de tous les autres peuples et de toutes les autres civilisations. Cette coupure explique en partie la raison pour laquelle les cultures qu'ils adoptèrent eurent toutes un cachet spécifique. Ne serait-ce qu'au Mexique et en Amérique centrale, ils construisirent 4 000 centres religieux en pierre avec un talent, un sens de la symétrie qui ne le cèdent en rien à toute autre réalisation architecturale du reste du monde. Ce qu'ils firent, ils le firent merveilleusement bien — et cette remarque vaut, tout particulièrement, pour leur travail des métaux.

En 1520, lorsqu'il eut l'occasion de voir le trésor d'objets en or envoyé par Cortés à Charles Quint, empereur du Saint Empire romain, le célèbre artiste allemand Albrecht Dürer ne tarit pas d'éloges. « Jamais, depuis que je suis né », écrivit-il, « je n'ai vu quelque chose qui m'ait autant que ces objets réchauffé le cœur. » Et Pietro Anghiera, le géographe et historien italien de renchérir dans un rapport adressé au pape Léon X sur le contenu du trésor impérial : « Je ne m'émerveille pas devant l'or et les pierres précieuses mais je suis, en quelque sorte, émerveillé de constater que le travail de l'artiste fait oublier le matériau. A mon avis, je n'ai jamais rien vu qui puisse autant flatter l'œil d'un être humain. »

Malheureusement, des avis aussi avertis que ceux de Dürer et d'Anghiera ne furent pas, semble-t-il, entendus. Le trésor de Montezuma disparut. Il fut fondu et disséminé, comme presque tout le reste de l'or ravi par les conquérants espagnols aux Aztèques, Incas et autres tribus indiennes. Néanmoins, grâce à des témoignages admiratifs comme ceux de Dürer et d'Anghiera, grâce aux trouvailles effectuées de nos jours par les archéologues, on ne peut que s'émerveiller devant la diversité des talents dont firent preuve les fondeurs américains.

Un extraordinaire trésor d'objets en or, par exemple, fut recueilli, il y a une soixantaine d'années, au plus profond d'un étang près de Chichén-Itzá, ville maya en ruines du Yucatán. Ce trésor se trouve actuellement au Peabody Museum de l'université Harvard, conservé derrière deux énormes portes en acier dont les dispositifs de sécurité sont changés tous les quinze jours; il n'est exposé qu'une seule fois tous les sept ans en moyenne, sous l'œil attentif d'une armée de détectives privés, car le musée ne peut s'octroyer le luxe de l'exposer plus souvent.

Le puits naturel d'où le trésor fut extrait (c'était, en fait, jadis une grotte dont la voûte finit par s'effondrer) était considéré comme sacré par les Mayas car, selon eux, il leur permettait d'entrer en communication avec les dieux de la pluie et de la fertilité. Ils y jetaient régulièrement en sacrifice des êtres humains. Les victimes étaient alors censées revenir au bout de trois jours, porteurs de messages divins. Rares furent ceux qui en revinrent, encore qu'un chroniqueur espagnol de la vie des Mayas décrit l'histoire d'une femme ayant justement vécu cette expérience : « A midi précis, celle qui devait revenir leur cria de lui jeter une corde pour la faire sortir et, quand elle réapparut à la surface à moitié morte, ils allumèrent de grands feux autour d'elle, la couvrirent de copal (espèce de résine aromatique). Puis, quand elle eut repris ses esprits, elle précisa que de nombreux individus de sa race se trouvaient en bas, hommes comme femmes, pour la recevoir; elle ajouta même que, lorsqu'elle levait la tête pour regarder certains d'entre eux, ces derniers lui assenaient des coups sur la nuque pour qu'elle garde la tête baissée, toute cette scène se passant dans l'eau où, soi-disant, il y avait de nombreux creux et trous. »

Outre ces victimes sacrifiées au fond du puits, les Mayas jetèrent toutes sortes d'objets de facture humaine. Or, dans la mesure où ils devaient apaiser les dieux, ces objets étaient évidemment d'une valeur inestimable. Leurs propriétaires semblent d'ailleurs les avoir sélectionnés avec le plus grand soin.

Le trésor exhumé de ce puits contient ainsi des bijoux en jade, des pierres précieuses, des artéfacts gravés sur bois qui n'en ont pas moins survécu à des siècles d'immersion, des bribes et des morceaux de tissus — fort appréciables en raison des éclaircissements qu'ils peuvent

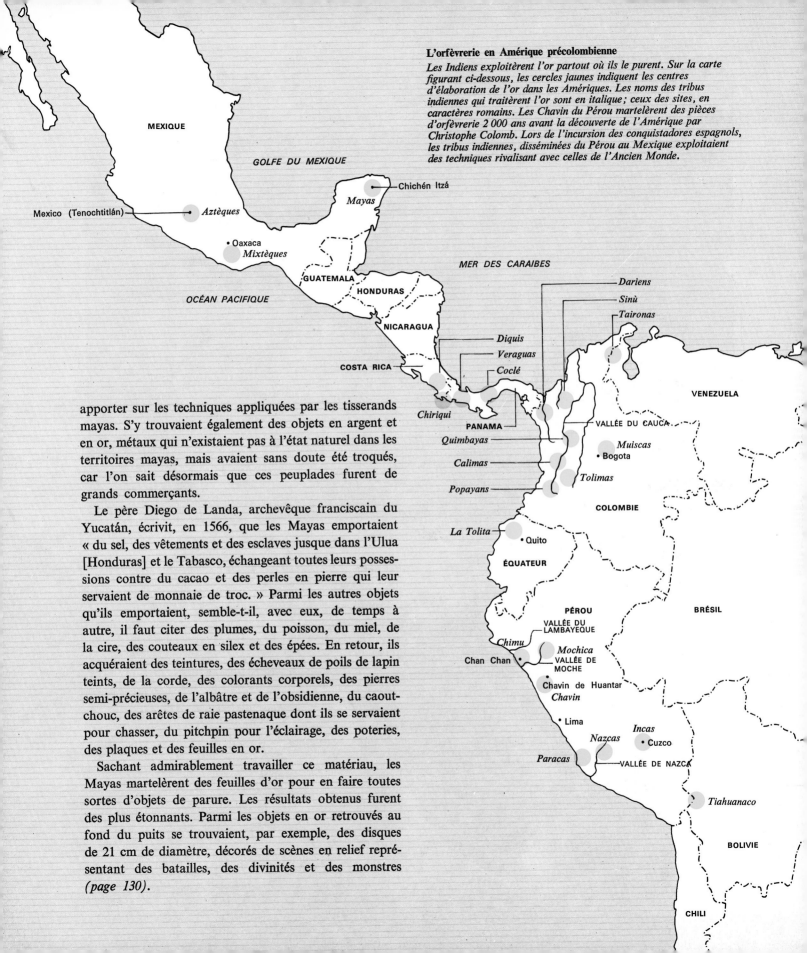

## L'orfèvrerie en Amérique précolombienne

*Les Indiens exploitèrent l'or partout où ils le purent. Sur la carte figurant ci-dessous, les cercles jaunes indiquent les centres d'élaboration de l'or dans les Amériques. Les noms des tribus indiennes qui traitèrent l'or sont en italique; ceux des sites, en caractères romains. Les Chavin du Pérou martelèrent des pièces d'orfèvrerie 2 000 ans avant la découverte de l'Amérique par Christophe Colomb. Lors de l'incursion des conquistadores espagnols, les tribus indiennes, disséminées du Pérou au Mexique exploitaient des techniques rivalisant avec celles de l'Ancien Monde.*

MEXIQUE

GOLFE DU MEXIQUE

Chichén Itzá

*Mayas*

Mexico (Tenochtitlán) — *Aztèques*

• Oaxaca
*Mixtèques*

GUATEMALA

HONDURAS

OCÉAN PACIFIQUE

NICARAGUA

MER DES CARAIBES

COSTA RICA

*Dariens*

*Sinù*

*Taironas*

*Diquis*

*Veraguas*

*Coclé*

*Chiriqui*

PANAMA

*Quimbayas*

*Calimas*

*Popayans*

VENEZUELA

VALLÉE DU CAUCA

*Muiscas*
• Bogota

*Tolimas*

COLOMBIE

La Tolita

• Quito

ÉQUATEUR

PÉROU
VALLÉE DU
LAMBAYEQUE

BRÉSIL

*Chimu*

*Mochica*
VALLÉE DE
MOCHE

Chan Chan

Chavin de Huantar
*Chavin*

• Lima

*Incas*
• Cuzco

*Nazcas*

*Paracas*
VALLÉE DE NAZCA

Tiahuanaco

BOLIVIE

CHILI

apporter sur les techniques appliquées par les tisserands mayas. S'y trouvaient également des objets en argent et en or, métaux qui n'existaient pas à l'état naturel dans les territoires mayas, mais avaient sans doute été troqués, car l'on sait désormais que ces peuplades furent de grands commerçants.

Le père Diego de Landa, archevêque franciscain du Yucatán, écrivit, en 1566, que les Mayas emportaient « du sel, des vêtements et des esclaves jusque dans l'Ulua [Honduras] et le Tabasco, échangeant toutes leurs possessions contre du cacao et des perles en pierre qui leur servaient de monnaie de troc. » Parmi les autres objets qu'ils emportaient, semble-t-il, avec eux, de temps à autre, il faut citer des plumes, du poisson, du miel, de la cire, des couteaux en silex et des épées. En retour, ils acquéraient des teintures, des écheveaux de poils de lapin teints, de la corde, des colorants corporels, des pierres semi-précieuses, de l'albâtre et de l'obsidienne, du caoutchouc, des arêtes de raie pastenaque dont ils se servaient pour chasser, du pitchpin pour l'éclairage, des poteries, des plaques et des feuilles en or.

Sachant admirablement travailler ce matériau, les Mayas martelèrent des feuilles d'or pour en faire toutes sortes d'objets de parure. Les résultats obtenus furent des plus étonnants. Parmi les objets en or retrouvés au fond du puits se trouvaient, par exemple, des disques de 21 cm de diamètre, décorés de scènes en relief représentant des batailles, des divinités et des monstres *(page 130).*

### Un cas de gaspillage manifeste

*En dépit de l'inexistence de gisements aurifères sur leur propre territoire, les Mayas s'efforçaient néanmoins de se procurer de l'or. Puis, à l'occasion de quelque cérémonie, ils jetaient une partie de ce trésor — ainsi que des victimes humaines — dans un puits sacré pour apaiser les dieux. Découvert au début du siècle (en haut) par Edward H. Thompson, consul américain au Yucatán, le puits recélait un véritable trésor d'objets en or et autres matériaux. A gauche, le dessin montre quel devait être l'aspect de l'un d'entre eux — un disque d'or — avant d'avoir été froissé et jeté dans l'eau.*

En 1519, date de la conquête espagnole du Mexique, il y avait plus de deux mille ans que les Indiens affinaient leurs techniques de travail des métaux. Mais comment avaient-ils acquis ces divers talents ? Où avaient-ils puisé leur savoir ? Comment la métallurgie prit-elle naissance en Amérique ?

Nombre d'hypothèses ont évidemment été émises sur ces différents sujets mais, en fait, le problème essentiel demeure le suivant : les premiers Américains découvrirent-ils la métallurgie d'eux-mêmes, en suivant la voie qu'avaient déjà empruntée les forgerons de l'Ancien Monde ? Ou bien la connaissance des métaux leur est-elle venue d'au-delà des mers ? De la Chine à la côte septentrionale du Pérou où la métallurgie américaine fit son apparition, il faut compter une distance de quelque 20 000 km. Et, pourtant, certains experts n'en défendent pas moins avec conviction la thèse suivant laquelle les connaissances acquises en métallurgie auraient emprunté cette voie pour arriver jusqu'au Nouveau Monde. Selon eux, ce transfert de connaissances aurait pu survenir à l'occasion d'un long périple — semblable à celui du Kon-Tiki — au cours duquel un bateau de pêche et son équipage, entraînés au gré des courants océaniques, auraient échoué sur la première avancée de terre américaine touchée par les flots. Or, par une étrange coïncidence, il se trouve justement que cette avancée est en fait celle de la côte nord-ouest de l'Amérique du Sud.

Une partie de cette hypothèse s'appuie sur la conviction que la métallurgie est un phénomène beaucoup trop complexe pour avoir été inventé à deux reprises. En outre, certains artéfacts exhumés dans l'Ancien et le Nouveau Monde présentent des similitudes pour le moins étranges du point de vue de la forme et de la conception, voire du point de vue de la technique. Les forgerons de Colombie, par exemple, « inventèrent » une sorte de moulage à la cire perdue semblable à la méthode pratiquée dans l'Ancien Monde.

D'après un archéologue, Robert Heine-Geldern, ce phénomène témoignerait indubitablement de l'existence d'un contact entre les deux hémisphères : selon lui, il n'est, en effet, pas pensable qu'une technique aussi ingénieuse que celle du moulage à la cire perdue ait été conçue et appliquée dans deux contrées aussi éloignées l'une de l'autre. Toutefois, certains moulages à la cire perdue mentionnés par le Dr Heine-Geldern ont été datés, grâce à la méthode du carbone 14; or, il s'avère qu'ils remontent à une période proche de celle où les Chinois commencèrent à se servir de la cire perdue. Cette technique ne put donc matériellement être transmise si loin et si vite. Et ces pêcheurs apocryphes ne pouvaient guère — en bonne logique — venir d'ailleurs que de Chine.

Toute hypothèse mise à part, des fouilles archéologiques ont prouvé que la métallurgie américaine — quelle que soit son origine — prit naissance dans les Andes septentrionales pour se diffuser ensuite dans les régions avoisinantes. Pour plus de précision, disons même que les premiers Américains à s'être intéressés sérieusement au métal et à avoir inventé un style propre pour le travailler vécurent à proximité d'un site portant le nom de Chavín de Huantar, situé près de la ville actuelle de Huánaco au Pérou.

Les Chavin commencèrent à former ce que les archéologues appellent un faciès culturel vers 900 ans avant notre ère. Ils adoraient les dieux qu'ils représentèrent sous des traits d'animaux et construisirent à leur intention des temples qui sont les prototypes des pyramides érigées ultérieurement tant au Mexique, en Amérique centrale, que sur les hauts-plateaux andins. Les temples chavin à trois étages étaient intérieurement parcourus d'un dédale de galeries conduisant — comme le labyrinthe crétois — à une pièce centrale où se dressait un monolithe sculpté de 4,5 m de haut représentant un être humain doté de crocs de jaguar et ayant en fait de chevelure des serpents entrelacés. Bien que ces galeries ne fussent pas éclairées, un judicieux système de ventilation fait de canalisations (système qui fonctionne d'ailleurs encore de nos jours) permettait à l'air de circuler.

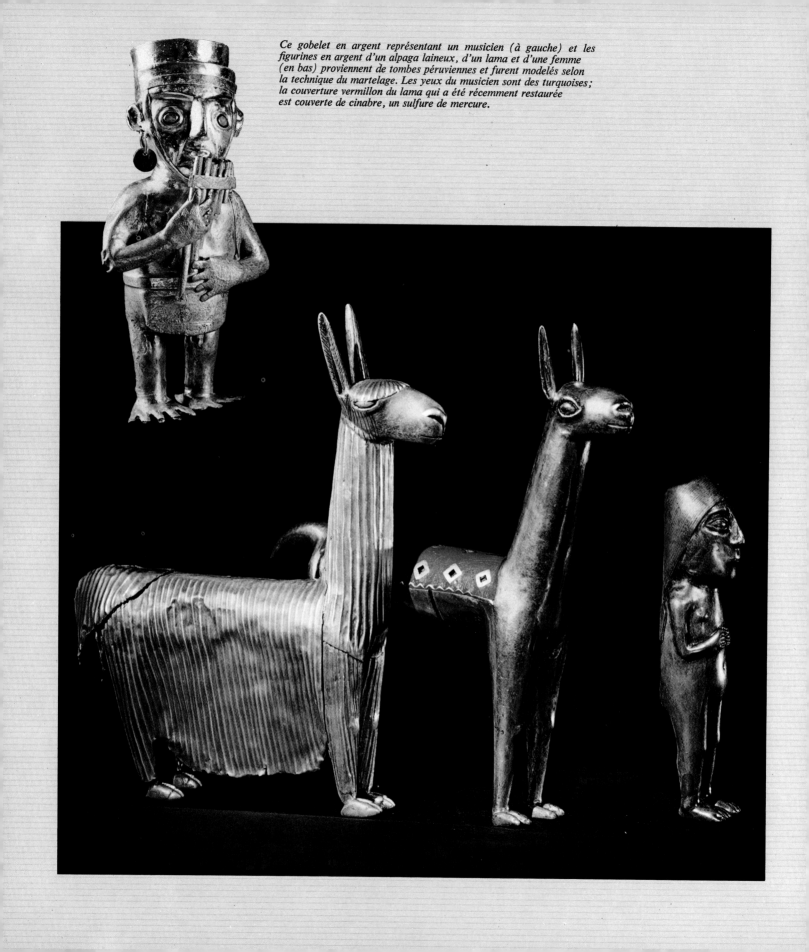

Ce gobelet en argent représentant un musicien (à gauche) et les
figurines en argent d'un alpaga laineux, d'un lama et d'une femme
(en bas) proviennent de tombes péruviennes et furent modelés selon
la technique du martelage. Les yeux du musicien sont des turquoises;
la couverture vermillon du lama qui a été récemment restaurée
est couverte de cinabre, un sulfure de mercure.

Puis, vers 600 avant J.-C., les Chavin commencèrent à travailler l'or, le martelant en feuilles minces, découpant ces feuilles en leur donnant des contours variés puis décorant les pièces de métal délicates de motifs obtenus grâce à un procédé dit de repoussage *(pages 76-77)*. Pour ce faire, ils utilisèrent des percuteurs en pierre, des couteaux en pierre, des alènes en os en s'aidant sans doute d'un morceau de cuir pour imprimer le motif dans l'or. Cet outillage rudimentaire leur permit, en tout cas, d'obtenir des résultats des plus surprenants.

Les ornements chavin sont remarquables, d'autant que les forgerons en étaient encore à leurs premières armes. La plupart d'entre eux correspondent à des dessins stylisés de jaguars, de serpents et de crocodiles. S'entre-laçant comme des lianes d'une jungle, les motifs dégagent une sorte de vigueur farouche. Ils rappellent les gravures en bas-relief sculptées sur les temples chavin, ce qui incite à penser que les orfèvres s'inspirèrent probablement de l'art des sculpteurs.

Outre leur création de plaques en or, les fondeurs chavin modelèrent et assemblèrent leurs feuilles d'or martelées pour en faire de magnifiques objets à trois dimensions. Lors d'une fouille, dans un site portant le nom de Chongoyape, des archéologues mirent au jour une couronne en or martelée *(page 143)* de 30 cm environ de haut, des pinces à épiler (les Indiens, quasiment imberbes, n'avaient, en effet, pas besoin de rasoirs), et une sorte de boucle d'oreille portée dans une perforation du lobe de l'oreille. Dans d'autres sites, les fouilleurs retrouvèrent des récipients en or pourvus de becs tubulaires, faits de trois pièces assemblées et parfois plus, ainsi qu'une cuiller franchement remarquable dont le manche est en fait un homme accroupi soufflant dans une conque en argent. La tête, les oreilles, les bras, les mains, les jambes, les pieds et le buste de cette figure furent modelés séparément, puis soudés ensemble.

Le style chavin cessa vers 400 avant J.-C., mais cette disparition ne se produisit que lorsque ses adeptes eurent perpétué leurs techniques de fabrication des métaux — et leurs dieux — à d'autres peuplades péruviennes, entre autres, celles de la culture mochica qui naquit le long des rives de la Moche, dans une vallée proche du littoral péruvien, et qui se propagea dans les vallées avoisinantes. Les Mochica furent des architectes encore plus prestigieux que les Chavin. Autour de leurs pyramides en pierre, ils édifièrent des villes en terrasse où vivait toute une population de prêtres et de profanes composant en fait une société urbaine complexe.

Économiquement parlant, toutefois, ils restèrent des cultivateurs, mais leurs techniques agricoles étaient relativement perfectionnées. Ils connaissaient par exemple l'irrigation et gagnaient régulièrement les îles du littoral pour ramasser du guano, excréments déposés par des oiseaux à la période de ponte, qu'ils utilisaient comme engrais — comme le font encore actuellement les paysans péruviens. Les dynamiques tribus mochica confectionnèrent également des tissus richement brodés, nombre de poteries couvertes de scènes de la vie quotidienne très réalistes. Ils élargirent également l'éventail de leurs métaux puisqu'ils utilisèrent le cuivre et l'argent au même titre que l'or, voire des alliages de ces trois métaux. Cependant, bien qu'ils aient eu connaissance de la coulée, les Mochica optèrent pour la méthode plus ancienne du martelage de l'or en feuilles minces comme l'avaient fait les orfèvres chavin.

C'est donc à d'autres peuplades ayant vécu au nord du Pérou — c'est-à-dire sur des territoires correspondant à la Colombie et l'Équateur actuels — que revient l'honneur d'avoir remarquablement tiré parti de la coulée des métaux et, surtout, d'avoir utilisé deux alliages spécifiques à l'Amérique.

L'un de ces alliages, constitué d'or et de platine, fut inventé par des forgerons équatoriens sans doute avant la fin du premier millénaire. Le platine, métal dont la température de fusion est de 1 650° C, ne risquait évidemment pas de fondre dans les fours de l'époque, même les plus perfectionnés.

# Impressions d'un Espagnol sur le travail des orfèvres aztèques

Le premier Européen qui s'intéressa à l'orfèvrerie aztèque fut Bernardino de Sahagún, moine espagnol qui suivit les conquistadores jusqu'au Mexique au milieu du XVIᵉ siècle. Cet ecclésiastique érudit, et les élèves qui l'accompagnèrent dans sa mission, questionnèrent des orfèvres indiens et exposèrent leurs techniques dans une étude sur les mœurs aztèques. Les illustrations ravissantes que l'on peut voir sur ces pages, extraites du manuscrit du moine, montrent comment les fondeurs aztèques façonnèrent des matrices de moulage grâce au procédé de la fonte à la cire perdue — méthode que, pour leur part, les orfèvres du Proche-Orient avaient déjà découverte plusieurs siècles auparavant.

*En vue de la préparation de noyaux de moulage, les fondeurs aztèques pétrissent du charbon de bois et de l'argile. Chaque morceau sera ensuite modelé d'après la forme du moulage final et enduit de cire.*

Un mouleur (à droite), muni d'une lame en cuivre, incruste des motifs dans la cire qui recouvre la matrice tandis qu'un autre recouvre d'une couche uniforme de cire d'abeille et de résine d'autres noyaux.

Le noyau de cire est enduit d'une pâte protectrice de charbon de bois pulvérisé. Ensuite, l'argile humide est fermement pressée sur la surface en cire gravée du noyau pour reprendre le motif.

L'or et le cuivre fondus, après avoir été chauffés dans un creuset, sont injectés dans le moule; au fur et à mesure de la fonte de la cire, le métal s'écoule entre la matrice interne et le revêtement en argile.

Extraite de son moule, une plaque en or en forme de saucière est traitée avec un mélange corrosif qui a comme propriété de dissoudre le cuivre pour que seule subsiste une surface en or pur.

# L'intervention espagnole

En conclusion de son étude sur le procédé de la fonte à la cire perdue, le père Sahagún expliqua l'influence espagnole sur les méthodes indiennes. Les Indiens, en effet, se voyant réclamer par les Espagnols des moulages à plus forte teneur en or, finirent par en réduire la quantité de cuivre; ils n'eurent donc plus à soumettre leurs articles finis à un traitement intensif pour supprimer l'oxydation du cuivre en surface. Les Espagnols apprirent aussi aux Indiens à écourter la durée du moulage en utilisant des modèles céramiques préalablement gravés, à l'intérieur desquels la cire pouvait donc être pressée *(à droite)*; en fin de traitement, les articles à trois dimensions étaient simplement fixés sur la matrice. De plus, les Espagnols apprirent aux Indiens à fondre et évacuer la cire avant de procéder au moulage, puis à vérifier si le moule avait le moindre défaut avant d'y couler le métal.

*S'inspirant de la lente technique du moulage à la cire perdue des Aztèques, ce fondeur insère de la cire dans un moule en argile. Il fixera par la suite le modèle en cire à une matrice.*

*Muni d'une sarbacane pour attiser les flammes de son foyer, un fondeur aztèque fait cuire des moules ayant servi à la fonte de la cire. Plus tard, il y fera couler l'or contenu dans le creuset.*

*Un moulage en or est plongé dans un bain aluné, ce qui oxyde la surface en cuivre des alliages à plus forte teneur en or; la barbure ainsi formée est enlevée par polissage sans traitement ultérieur.*

Pour l'allier avec l'or, les anciens forgerons équatoriens mélangeaient l'or à des grains de platine; ils chauffaient ensuite le mélange jusqu'à fusion des particules d'or, parvenant ainsi à lier les particules de platine en une masse compacte. Puis, ils martelaient et faisaient chauffer le mélange à plusieurs reprises jusqu'à ce que la masse fût homogène, comme si les deux métaux avaient été fondus simultanément. De nos jours, le même principe est exploité, sous l'appellation de métallurgie des poudres, pour traiter d'autres métaux ayant des points de fusion très élevés comme le carbure de tungstène et le titane.

L'autre alliage spécifiquement américain élaboré par des forgerons répartis sur le territoire recouvrant la Colombie, Panama et le Costa Rica actuels, est un alliage d'or et de cuivre appelé *tumbaga* (tombac). Pendant quelque temps, le *tumbaga* fut exploité en Amérique à une grande échelle un peu comme le bronze en Europe. Cet alliage avait le pouvoir extraordinaire de ressembler à de l'or pur même si la teneur en cuivre était élevée.

Grâce au *tumbaga*, les forgerons purent donc fabriquer des objets « dorés » avec un alliage contenant 50 % de cuivre si ce n'est plus lorsqu'ils désiraient que l'objet fût nettement nuancé en rouge. Soulignons toutefois que l'alliage andin ne connut pas une telle vogue pour cette seule et unique richesse. L'addition de cuivre à l'or permettait en fait de fondre le mélange à une température inférieure à celle des températures de fusion de chaque métal pris isolément. Par voie de conséquence, les fondeurs colombiens purent couler des objets dans des fours relativement peu puissants. Les forgerons purent même rendre le produit fini aussi dur que le bronze en le martelant à plusieurs reprises.

Le tombac possède en outre un avantage indéniable : une fois l'objet terminé, il est possible d'en enlever la couche superficielle en cuivre et, par conséquent, d'obtenir un objet ayant en surface le brillant de l'or pur. Pour ce faire, il suffit de chauffer l'objet jusqu'à oxydation du revêtement superficiel en cuivre tout en maintenant la température inférieure à celle du point de fusion de l'or de manière que l'objet ne soit pas déformé. Une fois oxydé, le cuivre forme une pellicule noire que l'on peut enlever aisément en plongeant l'objet dans un bain « décapant » à base d'urine ou de quelque jus de fruit acide. L'or apparaît alors plus scintillant que jamais.

Ce procédé ingénieux est en fait exactement l'opposé de la dorure; au lieu d'appliquer sur la surface d'un objet une couche de métal, on supprime une partie de la surface. Cette opération ressemble, par son principe, au procédé auquel recouraient les alchimistes du Moyen Age pour « multiplier » l'or, et à celui auquel firent appel au XVIe siècle des fondeurs japonais pour dorer les monnaies de leur pays. De nos jours, les métallurgistes réunissent souvent ces divers procédés sous le terme générique de dorure industrielle. Les forgerons colombiens n'appliquèrent, eux, ce procédé qu'au *tumbaga*. Mais d'autres fondeurs américains, s'inspirant de ces derniers, l'exploitèrent de manière différente.

Au Pérou, par exemple, la technique fut appliquée à un alliage d'argent et de cuivre permettant d'obtenir un objet ayant l'éclat de l'argent pur. Un groupe de forgerons péruviens particulièrement imaginatif, les tribus Chimu, fabriqua un alliage ayant une surface identique à l'or, comme le *tumbaga*, mais contenant en fait trois métaux au lieu de deux : du cuivre, de l'argent et de l'or. En examinant un échantillon chimu obtenu par ce procédé, les métallurgistes en sont ainsi parvenus à la conclusion que le cuivre était dans ce cas enlevé par oxydation et décapage, l'objet étant ensuite frotté ou plongé dans un bain avide quelconque pour supprimer l'argent. Une pâte de sulfate de fer malaxée avec du sel de cuisine ordinaire pouvait, par exemple, conduire à ce résultat. Or, la région où vécurent et travaillèrent les tribus chimu abonde justement en sel et en sulfate de fer.

La zone où le *tumbaga* fut découvert semble avoir été, également, le berceau américain des objets d'art coulés, même si par la suite les techniques de coulée gagnèrent le Nord du Mexique et le Sud du Pérou. Quelque temps

### TOUT CE QUI BRILLE...

La dorure industrielle, traitement ingénieux mis au point par les Indiens du Pérou, conduit à l'obtention d'un objet à faible teneur en or ayant l'aspect de l'or brut. Les diagrammes de droite montrent l'exploitation de ce procédé sur une feuille de métal contenant 60 % de cuivre *(pointillés marron)*, 20 % d'argent *(pointillés gris)* et 20 % d'or seulement *(pointillés jaunes)*. Les différentes étapes de ce procédé sont ainsi les suivantes : chauffage du métal; insertion de ce métal dans un bain acide, semblable à de la saumure, dit « décapant »; nouveau traitement de ce métal dans une pâte acide encore plus corrosive; enfin, brunissage final. Ce procédé tend en effet à enlever de la surface tous les éléments autres que l'or : en premier lieu, le cuivre, puis l'argent. Le produit obtenu possède alors une surface entièrement en or.

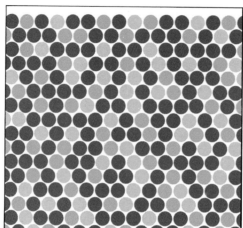

*Avant le traitement, l'alliage qui est composé d'or, de cuivre et d'argent est uniformément compact; les atomes des trois composants sont entièrement mélangés.*

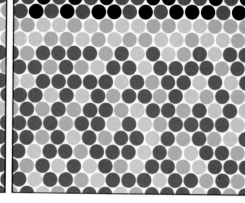

*Aussitôt après la première chauffe, au-dessus des flammes, les molécules de cuivre de la couche externe s'oxydent — c'est-à-dire se combinent à l'oxygène (points noirs).*

après les débuts de l'ère chrétienne, il semble que les fondeurs de Colombie aient enfin découvert le secret de la fonte à la cire perdue. Ils modelaient leurs maquettes à l'aide de la cire d'abeille, les enduisaient d'une mince couche de charbon de bois en poudre mélangé à de l'argile afin que la surface du moule fût lisse; ensuite, ils recouvraient la maquette d'argile humide qu'ils faisaient chauffer afin de pouvoir durcir le moule et faire fondre la cire.

Nombre des tout premiers objets colombiens coulés ont une forme si complexe que la maîtrise technique des forgerons qui les conçurent tient du prodige. Le moulage d'une forme enchevêtrée n'est, en effet, pas sans risque : le métal peut fort bien par exemple ne pas pénétrer dans tous les interstices de la maquette en argile car l'air, émané par le métal fondu, se concentre en certains endroits et empêche le métal d'y entrer. Pour pallier cet inconvénient, les cavités doivent être ventilées afin que l'air puisse en être évacué et, à cette fin, des trous d'évent doivent être façonnés sur le moule. Or, les orfèvres colombiens connaissaient ce procédé. Leurs maquettes en cire étaient pourvues de tiges effilées placées à proximité des endroits où des poches d'air risquaient de se former — ces tiges servaient ultérieurement de conduits d'aération dès que la cire commençait à fondre.

Certains des plus beaux moulages à la cire perdue que l'on ait retrouvés de par le monde proviennent de la vallée de Oaxaca, dans le Sud du Mexique. Des fondeurs mixtèques portèrent cette technique à son apogée un siècle ou deux avant l'arrivée de Cortés. Ces tribus confectionnèrent de minuscules figures creuses en or, dont la perfection est indéniable. On a ainsi retrouvé une tête de hibou mesurant à peine 1,2 cm, au plumage sculpté d'une manière on ne peut plus réaliste et une tête d'aigle plus petite, mais dans le même style. De nombreux ornements mixtèques se composent de plusieurs pièces coulées, dont

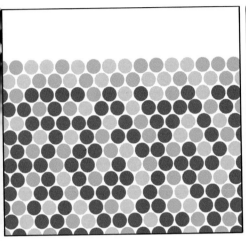

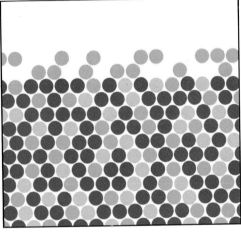

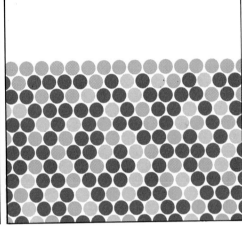

*Dès que l'objet est plongé dans un bain légèrement acide, dit « décapant », la couche noircie de cuivre oxydé que les métallurgistes appellent barbure disparaît complètement.*

*Un traitement ultérieur dans une solution pâteuse à forte teneur en acide permet de dissoudre l'argent. La surface poreuse qui est ainsi obtenue est en or pur.*

*Finalement, une nouvelle chauffe et un polissage répartissent les particules d'or en une couche superficielle uniforme d'or pur qui dissimule entièrement l'alliage sous-jacent.*

certaines sont même amovibles. Un pendentif miniature ayant la forme d'un crâne possède, par exemple, une mâchoire articulée qui s'ouvre et se referme au moindre mouvement *(page 153)*. Du bec d'un aigle fondant sur sa proie pend un papillon, auquel sont suspendues quatre rangées d'épis et de minuscules cloches en or qui tintent dès qu'elles s'entrechoquent — le tout ne mesùrant que 5 cm de haut.

Mais la plus grande prouesse accomplie par les forgerons mixtèques fut sans doute celle de mouler des filigranes — opération qui consiste normalement à incurver et à souder des fils allongés en leur faisant adopter une forme donnée. Pour exécuter ces travaux en filigrane, les Mixtèques refoulaient dans la matrice du moule en argile un filet de cire ramollie à l'aide d'un tube quelconque, la tige creuse d'un roseau, par exemple. Quand elle ressortait de ce tube, la cire était roulée et on lui donnait la forme d'un motif — un peu comme les rosettes et décors divers

qu'un pâtissier déposerait sur un gâteau d'anniversaire. La dextérité requise pour ce genre de travail témoigne véritablement de la maîtrise de ces orfèvres.

Quand les Aztèques s'emparèrent du Mexique et y installèrent leur empire, les forgerons mixtèques leur transmirent les secrets de leur art. C'est ainsi qu'une colonie de métallurgistes d'inspiration mixtèque vécut dans un village proche de la capitale aztèque de Tenochtitlán, c'est-à-dire, la ville actuelle de Mexico. D'ailleurs, une bonne partie du trésor de Montezuma ravi par Cortés était en réalité mixtèque tant du point de vue de l'exécution que de la conception. Lorsque le missionnaire espagnol Toribio de Motolinia écrivit que les Aztèques pouvaient « couler un oiseau pourvu d'une tête, d'une langue, de pattes mobiles et lui mettre un jouet entre les pattes avec lequel il semblait danser », il ne fait pas de doute qu'il décrivait un ornement conçu par des Mixtèques.

Sans doute l'oiseau de Toribio de Motolinia connut-il

## EXPLOITATION MIRACULEUSE DU PLATINE

Bien que le point de fusion du platine — plus de 1 650° C — ait été de loin supérieur aux plus fortes températures qu'aient pu atteindre les fondeurs de l'Amérique précolombienne, les Indiens n'en parvinrent pas moins à découvrir un moyen d'allier le platine à l'or. Ce procédé explicité ci-dessous — appelé frittage — faisait de l'or une sorte de ciment dont ils se servaient pour lier les particules de platine.

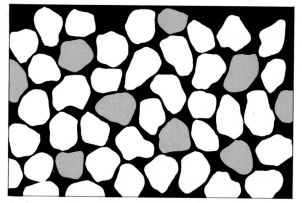

*Le frittage commence par l'emploi d'un mélange composé, en l'occurrence, de 20 % d'or granulé (formes jaunes) et de 80 % de poussière de platine (formes blanches).*

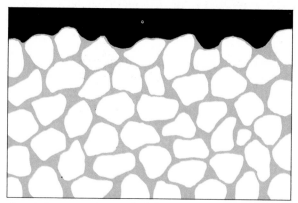

*Soumis à une température de 1 100° C environ, l'or fond et forme un mortier qui enveloppe les particules encore solides de platine et les contraint à se lier définitivement.*

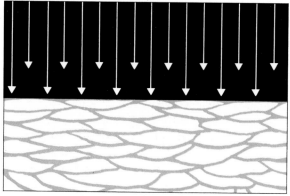

*Une fois refroidi et solidifié, l'alliage est chauffé et martelé à plusieurs reprises pour qu'il puisse devenir compact, mais aussi pour aplatir les particules de platine qui n'auraient pas fondu.*

le même sort que le reste des objets en or pillés par les conquérants espagnols. Cette rapine fut encore surpassée par celle de l'or et de l'argent des Incas. D'après certains experts, Cortés se serait emparé au Mexique de 340 kg d'argent et de 3 620 kg d'or. Mais Pizarre, lui, aurait pris 60 780 kg d'argent et 7 900 kg d'or au Pérou.

Les Incas furent les derniers représentants et incontestablement les plus grands de toutes les civilisations précolombiennes d'Amérique. Leurs prédécesseurs avaient en effet déjà développé considérablement des arts ou des techniques comme l'architecture, la céramique, le tissage et la métallurgie; aussi au moment de l'apparition des Incas, la civilisation andine était déjà considérablement évoluée. Plus de six millions d'Indiens vivaient dans les vallées encaissées situées à mi-chemin de la Colombie et du Chili, pratiquant une forme d'agriculture intensive. Leurs champs, aménagés en terrasses, escaladaient sur plusieurs centaines de mètres les flancs de la montagne; ils étaient irrigués par des aqueducs alimentés par des eaux puisées à plusieurs kilomètres de là.

Les Incas, qui imposèrent leur domination aux diverses peuplades de la région qu'ils regroupèrent en empire, sont toujours entourés d'un halo de mystère. Leur origine demeure légendaire. Apparemment, ils apparurent pour la première fois 1 200 ans environ après J.-C. au voisinage de Cuzco, ville qui devint plus tard la capitale de leur empire. Gouvernés par toute une lignée de souverains extrêmement prestigieux (dont le titre, Inca, donna à l'empire son nom), ils imposèrent leur domination du nord de l'Équateur au centre sud du Chili, sur une distance de plus de 3 200 km. Ce fut en fait le plus grand empire, tant du point de vue de la superficie que de la population, jamais connu en Amérique.

Les Incas n'eurent pas ce que l'on pourrait appeler une supériorité technique sur leurs contemporains, mais ce furent d'admirables gestionnaires et administrateurs. Ils s'attachèrent la loyauté de tous leurs sujets en consacrant les responsables locaux princes du royaume inca. Ils construisirent des villes éblouissantes, un réseau de routes à travers la jungle et le désert, que parcouraient continuellement, de relais en relais, des messagers chargés d'informer la population des principales affaires d'État. Ils contrôlèrent une armée si bien organisée qu'elle n'eut pas d'égale, dans l'hémisphère occidental, avant l'arrivée des Espagnols. A la vérité, si la nation inca ne s'était pas trouvée affaiblie par une guerre civile dévastatrice, causée par une affaire de succession au trône inca, Pizarre, en 1532, aurait fort bien pu être rejeté à la mer. Mais finalement, la trahison, les armes à feu espagnoles, les maladies eurent tôt fait d'écraser la civilisation inca politiquement et en tant qu'entité culturelle, en l'espace de quarante ans.

Pizarre pilla la totalité du trésor inca presque immédiatement dès qu'il s'empara du souverain inca Atahualpa exigeant une rançon en or équivalant à la grandeur d'une pièce (il ne se priva pas pour autant d'exécuter Atahualpa). Le reste disparut aussi impitoyablement et presque aussi entièrement que la nation inca. Pendant quelque temps, quatre successeurs d'Atahualpa s'efforcèrent de préserver une partie de l'empire inca, mais ils durent maintes fois se réfugier dans des repaires presque inaccessibles des plateaux andins pour sauver leurs jours. Finalement, en 1572, le dernier souverain inca fut remis entre les mains des Espagnols. Il fut violemment exécuté après avoir été contraint d'assister à la torture et à la mort de sa femme et de tous ses chefs militaires.

De nos jours, il ne reste pas grand-chose de l'empire inca. Les humbles villages ont disparu et des villes somptueuses ont seulement été préservés les édifices en pierre — dont l'érection fut à ce point parfaite qu'il est toujours impossible de glisser la lame d'un couteau entre les blocs de granite. Et, pourtant, jadis, nombre de ces pierres furent gainées d'argent et d'or, les pièces, les jardins des temples et des palais qu'elles abritaient recélaient de véritables merveilles d'orfèvrerie. Un homme qui eut l'occasion de connaître ce décor pendant sa jeunesse rassembla ses souvenirs pour que le monde n'oubliât pas ce passé. Son nom était Garcilaso de la Vega et sa mère, une princesse inca, était mariée à un capitaine espagnol. Fier de ses antécédents, il se peut que Garcilaso ait quelque peu embelli son commentaire. Mais la plupart de ses écrits furent confirmés par divers conquistadores de Pizarre :

« Dans tout l'empire, les temples et les appartements royaux étaient tapissés d'or; les murs, au moment de leur construction, étaient pourvus de niches et d'espaces libres susceptibles d'accueillir toutes sortes de figures humaines ou animales : oiseaux ou bêtes sauvages, comme les tigres, ours, lions, loups, chiens et chats sauvages, cerfs, guanacos, vicuñas, voire des brebis domestiques, faites toutes d'or et d'argent... L'imitation de la nature atteignait un tel degré de perfection que les artistes reproduisaient les feuilles et de petites plantes grimpantes qui poussent sur les murs; ils disposèrent également çà et là des lézards en or et en argent, des papillons, des souris et des serpents, qui étaient si bien faits et si adroitement placés que l'on avait l'impression de les voir courir dans toutes les directions.

« Les Incas s'asseyaient en général sur un siège en or de 30 cm de haut, sans dossier ou coudes, mais appuyé contre un dais carré fait du même métal. Toute la vaisselle, qu'elle fût destinée aux cuisines ou aux salons, était en or brut... Chacune des résidences royales possédait des thermes et, dans les vastes cuves en argent et en or, coulait l'eau amenée dans des tuyaux faits du même métal. Et les sources d'eau chaude dans lesquelles les Incas allaient se baigner étaient, elles aussi, décorées d'accessoires en or finement ciselés.

« Dans toutes les résidences royales, il y avait des jardins et des potagers où les Incas pouvaient venir se détendre. Ils étaient agrémentés des arbres les plus délicats, des fleurs les plus belles et des herbes les plus odorantes du royaume, ainsi que de reproductions de plantes en or et en argent, à tous les stades de leur croissance, depuis la pousse qui émerge à peine du sol jusqu'à la plante en pleine maturité. Il y avait aussi des champs de blé faits de tiges en argent et d'épis en or, sur lesquelles on voyait aussi bien les feuilles que la balle. En outre, il y avait toutes sortes d'animaux en or et en argent dans ces jardins... Et puis, il y avait des oiseaux suspendus dans les arbres comme s'ils s'apprêtaient à chanter; d'autres s'inclinaient sur les fleurs pour en respirer le nectar. »

Mais le génie des orfèvres qui conçurent ces oiseaux, ces fleurs, ces champs de blé a disparu avec les hommes eux-mêmes. De nos jours, les descendants de ces artisans incas, qui ciselèrent avec tant de délicatesse l'or, l'argent et le platine travaillent dans les mines d'étain et de cuivre des plateaux andins pour répondre aux besoins d'un nouvel âge du métal, l'âge industriel. L'ironie du sort a voulu que leurs ancêtres ne fissent pas une entrée triomphale dans cet âge parce qu'une poignée d'Espagnols, armés d'un métal que les Indiens n'avaient jamais vu, les terrifia et finalement les détruisit. En métallurgie, les Incas furent les égaux des Espagnols — à cela près qu'ils n'avaient pas leurs fusils de fer.

# Chefs-d'œuvre d'orfèvrerie indienne

Disposant sur leur propre territoire de nombreux gisements aurifères, les Indiens de l'Amérique précolombienne travaillèrent le métal que les Aztèques appelèrent « l'excrément des dieux » pour en faire des œuvres d'art d'une infinie et délicate beauté.

Parmi les tout premiers, si ce ne sont les premiers, orfèvres américains, il convient de citer les Indiens chavin du Pérou. Ces derniers martelèrent le métal en minces feuilles qu'ils modelèrent en objets semblables à la couronne que l'on voit à droite. Puis, peu à peu, l'orfèvrerie gagna le Nord du pays. Les jungles, les montagnes et les fleuves, qui isolèrent les diverses tribus les unes des autres, contribuèrent à l'essor de styles distincts, mais toujours novateurs. Quand vint le tour des Aztèques, on connaissait, non seulement la technique de la fonte à la cire perdue, mais on était aussi capable de faire des pièces articulées.

Les Espagnols, s'appropriant ce trésor inestimable, négligèrent sa valeur artistique et en firent fondre la presque totalité. Par bonheur, quelques pièces d'orfèvrerie n'en ont pas moins survécu, enfouies dans des tombes ou des cachettes inaccessibles. C'est de ce trésor que proviennent les merveilleux chefs-d'œuvre indiens qui figurent sur les pages suivantes.

*Cette couronne à colonnes, faite en or battu et portant des décors au repoussé de dieux-félins, témoigne des talents déployés par les tout premiers orfèvres américains, les Chavin du Pérou (1200-400 avant J.-C.). Cette couronne qui mesure 24 cm de haut fut sans doute portée avec un bandeau frontal en tissu enroulé sur sa base.*

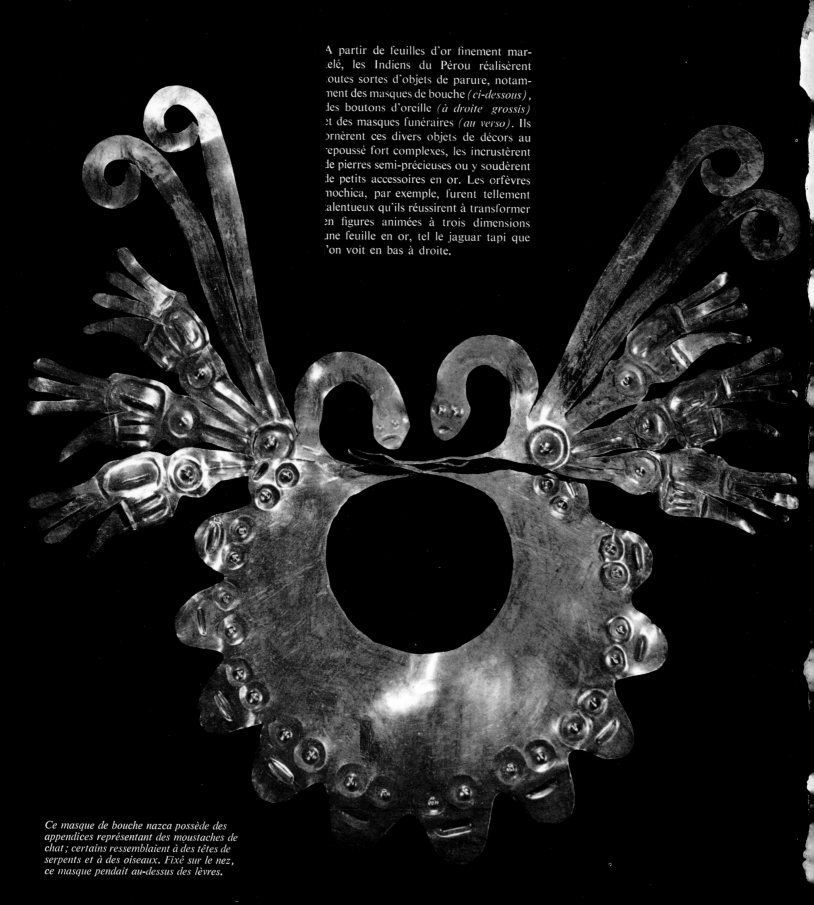

A partir de feuilles d'or finement martelé, les Indiens du Pérou réalisèrent
toutes sortes d'objets de parure, notamment des masques de bouche *(ci-dessous)*,
des boutons d'oreille *(à droite grossis)*
et des masques funéraires *(au verso)*. Ils
ornèrent ces divers objets de décors au
repoussé fort complexes, les incrustèrent
de pierres semi-précieuses ou y soudèrent
de petits accessoires en or. Les orfèvres
mochica, par exemple, furent tellement
talentueux qu'ils réussirent à transformer
en figures animées à trois dimensions
une feuille en or, tel le jaguar tapi que
l'on voit en bas à droite.

*Ce masque de bouche nazca possède des
appendices représentant des moustaches de
chat; certains ressemblaient à des têtes de
serpents et à des oiseaux. Fixé sur le nez,
ce masque pendait au-dessus des lèvres.*

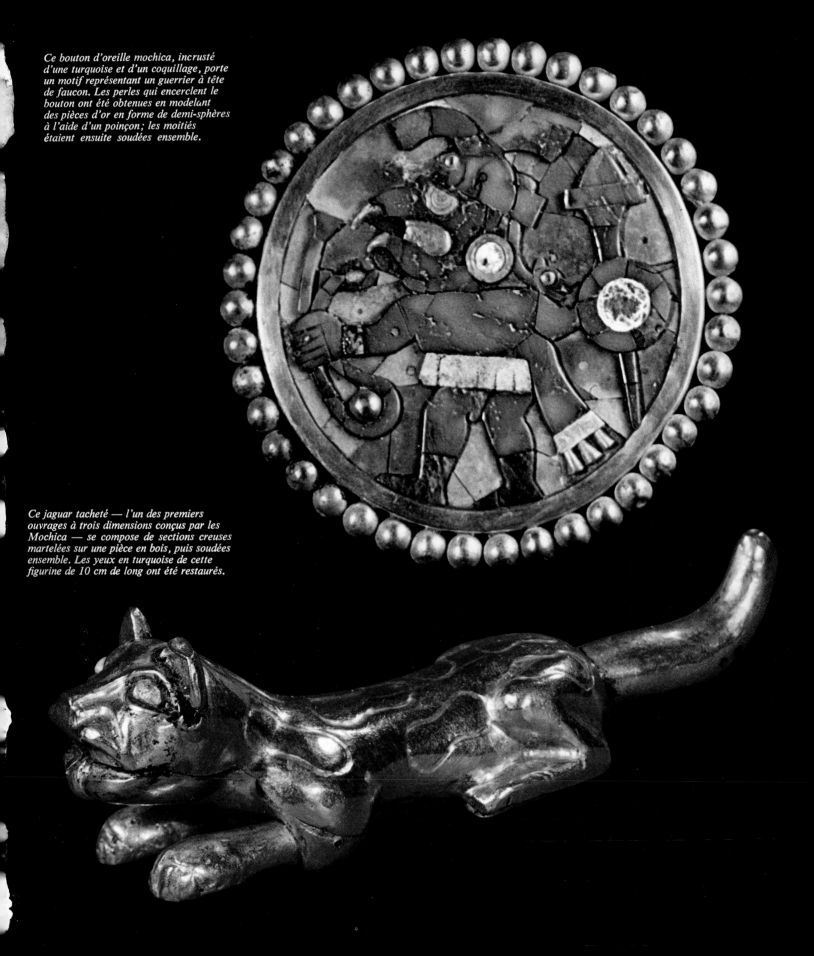

Ce bouton d'oreille mochica, incrusté d'une turquoise et d'un coquillage, porte un motif représentant un guerrier à tête de faucon. Les perles qui encerclent le bouton ont été obtenues en modelant des pièces d'or en forme de demi-sphères à l'aide d'un poinçon; les moitiés étaient ensuite soudées ensemble.

Ce jaguar tacheté — l'un des premiers ouvrages à trois dimensions conçus par les Mochica — se compose de sections creuses martelées sur une pièce en bois, puis soudées ensemble. Les yeux en turquoise de cette figurine de 10 cm de long ont été restaurés.

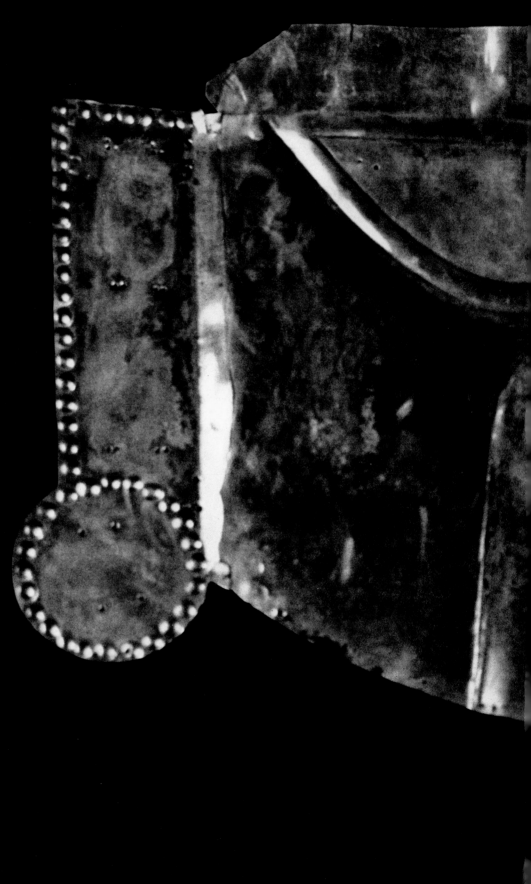

*Ce gobelet chimu, une fois renversé, se transforme en une tête aux yeux en forme de larme, portant des boutons d'oreille et, semble-t-il, un masque de bouche. Le gobelet fut au départ grossièrement modelé par martelage d'une feuille d'or sur une pièce en bois ; puis, les traits définitifs furent ensuite obtenus par un nouveau martelage sur un modèle gravé en bois.*

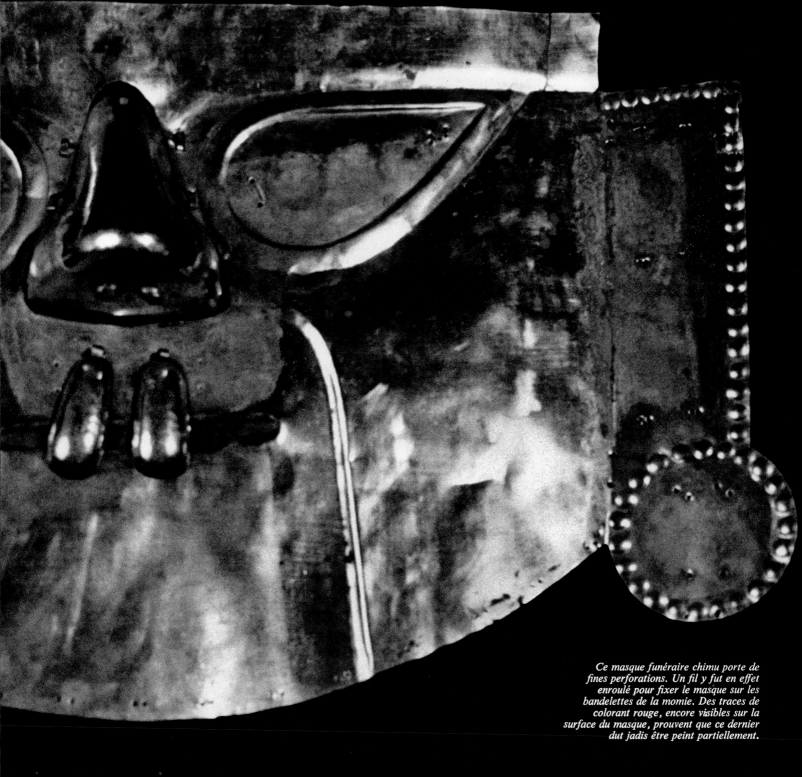

Ce masque funéraire chimu porte de
fines perforations. Un fil y fut en effet
enroulé pour fixer le masque sur les
bandelettes de la momie. Des traces de
colorant rouge, encore visibles sur la
surface du masque, prouvent que ce dernier
dut jadis être peint partiellement.

Les Indiens de Colombie auraient été, pense-t-on, parmi les tout premiers fondeurs du Nouveau Monde à inventer la technique de la fonte à la cire perdue *(pages 134-135)*. Les avantages de ce procédé étaient multiples et l'on comprend pourquoi nombre de tribus l'adoptèrent presque aussitôt. Les objets étaient fabriqués par coulée de métal fondu dans des moules sculptés, rendant ainsi possible l'obtention d'effets décoratifs plus délicats. Toutefois, le martelage ne fut pas abandonné pour autant. Le masque équatorien que l'on voit à droite témoigne même d'une innovation : ses yeux étincelants et ses dents résultent de la combinaison d'une poudre de platine avec de l'or fondu.

*Ce masque martelé aux yeux et aux dents en platine provient d'une sépulture de guerrier exhumée à La Tolita. Incapable d'atteindre la température de fonte du platine, le fondeur l'avait broyé et y avait ajouté de l'or fondu pour en lier les particules.*

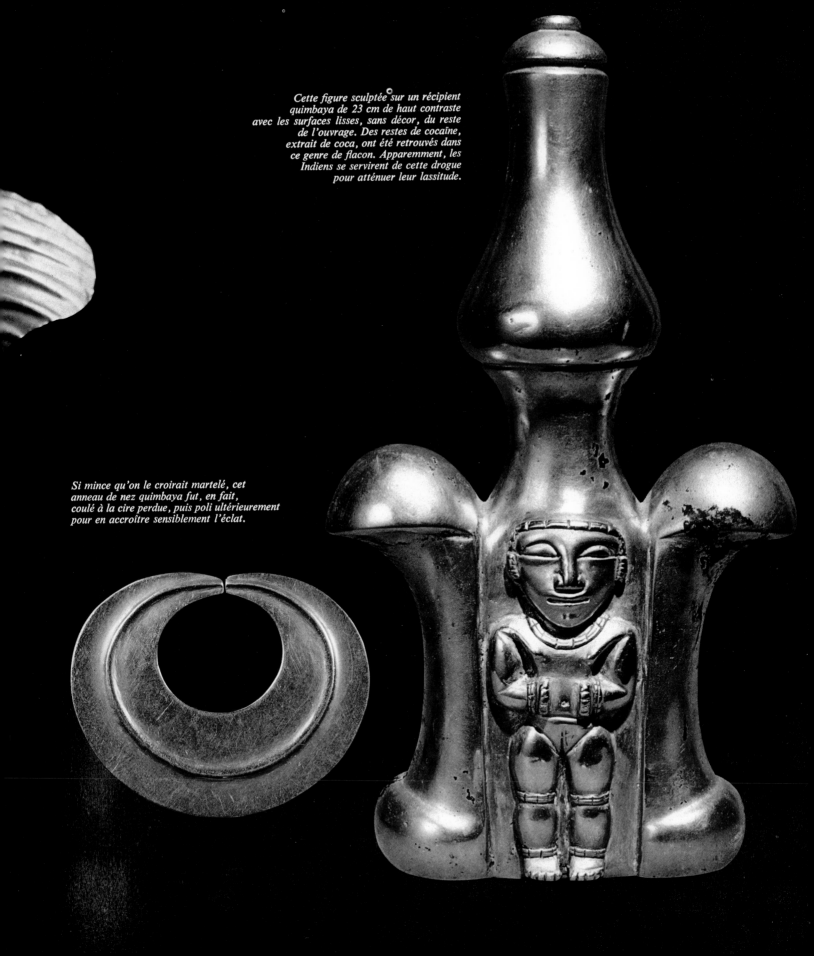

Cette figure sculptée sur un récipient
quimbaya de 23 cm de haut contraste
avec les surfaces lisses, sans décor, du reste
de l'ouvrage. Des restes de cocaïne,
extrait de coca, ont été retrouvés dans
ce genre de flacon. Apparemment, les
Indiens se servirent de cette drogue
pour atténuer leur lassitude.

Si mince qu'on le croirait martelé, cet
anneau de nez quimbaya fut, en fait,
coulé à la cire perdue, puis poli ultérieurement
pour en accroître sensiblement l'éclat.

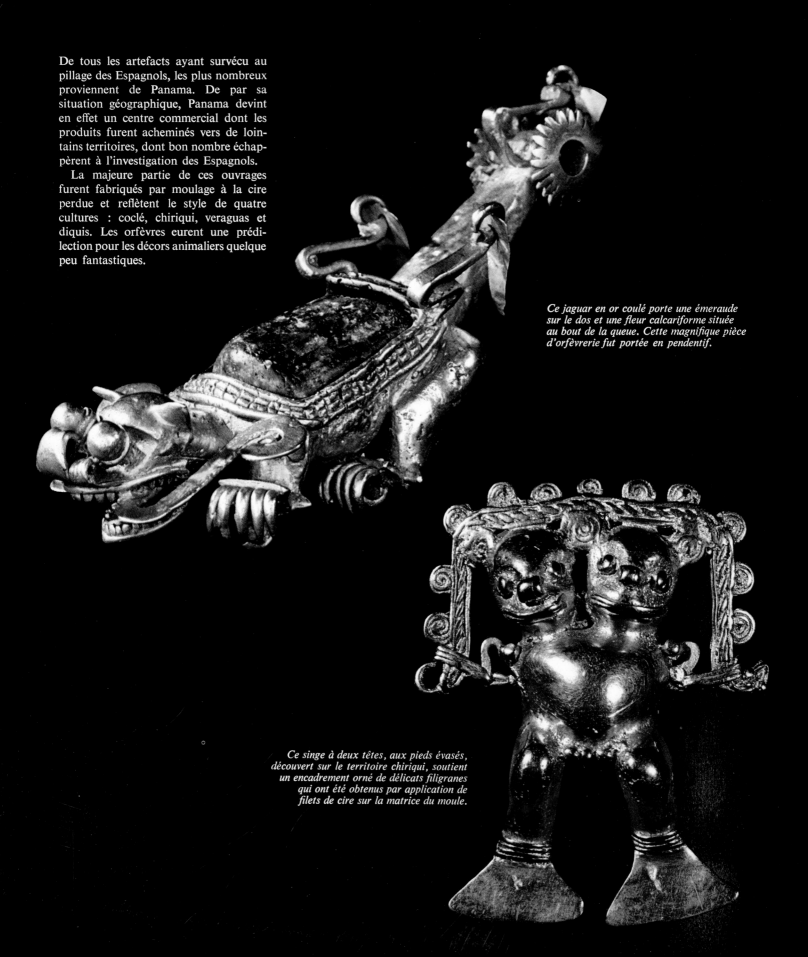

De tous les artefacts ayant survécu au pillage des Espagnols, les plus nombreux proviennent de Panama. De par sa situation géographique, Panama devint en effet un centre commercial dont les produits furent acheminés vers de lointains territoires, dont bon nombre échappèrent à l'investigation des Espagnols.

La majeure partie de ces ouvrages furent fabriqués par moulage à la cire perdue et reflètent le style de quatre cultures : coclé, chiriqui, veraguas et diquis. Les orfèvres eurent une prédilection pour les décors animaliers quelque peu fantastiques.

*Ce jaguar en or coulé porte une émeraude sur le dos et une fleur calcariforme située au bout de la queue. Cette magnifique pièce d'orfèvrerie fut portée en pendentif.*

*Ce singe à deux têtes, aux pieds évasés, découvert sur le territoire chiriqui, soutient un encadrement orné de délicats filigranes qui ont été obtenus par application de filets de cire sur la matrice du moule.*

*Ce singe fantastique veraguas est perché
sur une balançoire qui évoque à la fois
une liane et une queue dédoublée.
Cet ouvrage qui ne mesure que 7,5 cm de
haut fut moulé à noyau et porté en pendentif.*

Cette boucle de lèvre aztèque épousant
la forme d'un serpent possède une langue
fourchue pendante et mobile. Cet ornement
de 6 cm de long fut à l'origine inséré
dans une perforation de la lèvre inférieure.

Les Mixtèques mexicains et les Aztèques qui les dominèrent furent les derniers orfèvres indiens. Tous s'inspirèrent des techniques inventées par leurs prédécesseurs — techniques qu'ils perfectionnèrent en travaillant leurs pièces d'orfèvrerie dans le moindre détail. Nombre d'entre elles sont si méticuleusement réalisées qu'elles possèdent des pièces articulées.

Ne disposant pas de ressources aurifères sur leur propre territoire, contrairement aux peuplades qui vécurent plus au sud, les tribus mexicaines travaillèrent ce métal avec parcimonie. Il ne faut donc pas s'étonner si nombre de leurs créations — tels les deux ouvrages grossis que l'on voit ici — furent de petit format.

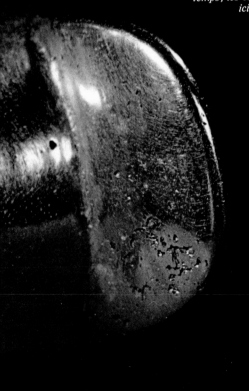

*Mesurant moins de 2,5 cm de long, ce crâne stylisé fait partie d'un pendentif mixtèque. La mâchoire inférieure est articulée et si bien équilibrée qu'elle s'ouvre béante au moindre mouvement. Dans le même temps, les clochettes, dont deux manquent ici, font entendre leur tintement.*

# Les Origines de l'Homme

Ce tableau décrit la progression de la vie sur la terre à partir de sa première apparition dans les eaux chaudes de la planète nouvellement formée, puis à travers l'évolution de l'homme lui-même; on y retrace son développement physique, social, technologique et intellectuel jusqu'à l'aube de l'ère chrétienne. Pour représenter ces progrès selon les séquences chronologiques généralement adoptées, la première colonne à gauche de chacune des quatre

| Géologie | Archéologie | Datation en milliards d'années | |
|---|---|---|---|
| **Précambrien** ère primitive | | 4,5 | Création de la Terre |
| | | 4 | Formation de la mer primitive |
| | | 3 | Apparition de la vie dans l'eau (algues unicellulaires et bactéries) |
| | | 2 | |
| | | 1 | |

| Géologie | Archéologie | Datation en millions d'années | |
|---|---|---|---|
| | | | Apparition des premiers animaux à respiration oxygénée |
| | | 800 | |
| | | | Les organismes primitifs produisent des cellules spécialisées interdépendantes |
| | | 600 | Animaux invertébrés pluricellulaires à squelette externe |
| **Paléozoïque** vie ancienne | | | Évolution des poissons cuirassés, premiers animaux à posséder une épine dorsale osseuse |
| | | 400 | Les petits amphibiens s'aventurent sur la terre ferme |
| | | | Apparition des reptiles et des insectes |
| | | | Apparition des thécodontes, ancêtres des dinosaures |
| | | | Début de l'âge des dinosaures |
| **Mésozoïque** vie moyenne | | 200 | Apparition des oiseaux |
| | | | Des mammifères vivent dans l'ombre des dinosaures |
| | | | Fin de l'âge des dinosaures |
| | | 80 | |
| | | | Développement des prosimiens, premiers primates à vie arboricole |
| **Cénozoïque** vie récente | | 60 | |
| | | 40 | Évolution des singes et des anthropoïdes |
| | | 20 | |
| | | 10 | *Ramapithecus*, le plus ancien primate connu à avoir présenté des traits humanoïdes évolue en Inde et en Afrique |
| | | 8 | |
| | | 6 | *Australopithecus*, qui est le plus proche ancêtre primate de l'homme, apparaît en Afrique |
| | | 4 | |

| Géologie | Archéologie | Datation en millions d'années | |
|---|---|---|---|
| **Pléistocène inférieur** période la plus ancienne de l'époque la plus récente | **Paléolithique inférieur** période la plus ancienne de l'âge de la pierre taillée | 2 | Plus anciens outils connus fabriqués par l'homme en Afrique |
| | | | Le premier homme véritable, *Homo erectus*, apparaît en Insulinde et en Afrique |
| | | 1 | *Homo erectus* se répand dans les régions tempérées |

| | | Datation en milliers d'années | |
|---|---|---|---|
| **Pléistocène moyen** période intermédiaire de l'époque la plus récente | | 800 | L'homme apprend à contrôler et à utiliser le feu |
| | | 600 | |
| | | | La chasse à l'éléphant organisée se déroule en Europe sur une grande échelle |
| | | 400 | L'homme commence à construire les premiers abris de branchages |
| | | 200 | |
| **Pléistocène supérieur** dernière période de la plus récente époque | **Paléolithique moyen** période intermédiaire de l'âge de la pierre taillée | | L'homme de Néanderthal apparaît en Europe |
| | | 80 | |
| | | 60 | Les rites funéraires en Europe et au Proche-Orient suggèrent la croyance en la survie |
| | | | Les Néanderthaliens chassent le mammouth laineux en Europe du Nord |
| | | | L'ours des cavernes devient l'objet d'un culte en Europe |
| | | 40 | |
| | **Paléolithique supérieur** dernière période de l'âge de la pierre taillée | | L'homme de Cro-Magnon apparaît en Europe |
| | | | Des chasseurs asiatiques franchissent le détroit de Béring et vont peupler le Nouveau Monde |
| | | | Plus ancien document écrit connu : un calendrier lunaire gravé sur os (Europe) |
| | | | L'homme atteint l'Australie |
| | | | Les premiers artistes décorent les parois et les voûtes des grottes en France et en Espagne |
| | | 30 | Figurines sculptées (culte de la Nature) |
| | | 20 | Invention de l'aiguille à coudre |
| | | | Débuts de la chasse au bison dans les grandes plaines d'Amérique du Nord |
| **Holocène** époque actuelle | **Mésolithique** Age de la pierre moyenne | 10 | Invention de l'arc et de la flèche en Europe |
| | | | Apparition de la poterie au Japon |

*Dernier âge de glace*

| | |
|---|---|
| ▼ 4 milliards d'années | ▼ 3 milliards d'années |
| ▲ Origine de la Terre (4,5 milliards) | ▲ Apparition de la vie (3,5 milliards) |

parties du tableau indique le nom des grandes ères géologiques selon lesquelles les savants divisent l'histoire de la terre; la seconde colonne indique la période archéologique de l'histoire humaine. Les dates clés dans le développement de la vie et des performances humaines remarquables se situent dans la troisième colonne (les années et les événements qui sont mentionnés au cours de ce volume sont imprimés en gras). Ce tableau ne conserve pas

graphiquement l'échelle des temps, pour une raison très simple illustrée par l'échelle figurant en bas de la page. En effet, il est impossible de respecter l'échelle des temps pour une période qui commença voici 4,5 milliards d'années alors que la durée qui englobe la totalité de l'histoire humaine connue *(extrême droite)* est trop courte par rapport à l'ensemble pour être représentée en proportion réelle.

| Géologie | Archéologie | Années avant J. C. | |
|---|---|---|---|
| Holocène *(suite)* | Néolithique âge de la pierre polie | 9000 | |
| | | | Domestication du mouton au Proche-Orient |
| | | | Domestication du chien en Amérique du Nord |
| | | 8000 | La plus ancienne ville connue : Jéricho |
| | | | Domestication de la chèvre en Perse |
| | | | Premières cultures de céréales (blé et orge) au Proche-Orient |
| | | 7000 | L'agglomération des habitants en bourgades se généralise au Proche-Orient |
| | | | Chatal Hüyük (en Turquie actuelle) devient la ville néolithique la plus importante |
| | | | Le métier à tisser apparaît au Proche-Orient |
| | | | Domestication des bovins au Proche-Orient |
| | | 6000 | En Europe, l'agriculture commence à remplacer la chasse |
| | | | **Le cuivre est utilisé comme monnaie d'échange dans la région méditerranéenne** |
| | Age du cuivre | | Première culture du maïs au Mexique |
| | | 4800 | Construction du premier monument mégalithique connu (Bretagne) |
| | | 4000 | Première navigation à voile en Égypte |
| | | | Fondation des premières cités-États de Sumer |
| | | | Premier emploi de sceaux cylindriques comme marque d'identification au Proche-Orient |
| | | 3500 | Première culture de la pomme de terre en Amérique du Sud |
| | | | Invention de la roue à Sumer |
| | | | Première culture du riz en Extrême-Orient |
| | | | Premier élevage de vers à soie en Chine |
| | | | Domestication des chevaux dans le Sud de la Russie |
| | | | Les bateaux marchands égyptiens commencent à sillonner la Méditerranée |
| | | | Premiers documents en écriture pictographique (Proche-Orient) |
| | Age du bronze | 3000 | **Premiers outils en bronze (Proche-Orient)** |
| | | | La vie urbaine se développe dans la vallée du Nil |
| | | | Invention de la charrue au Proche-Orient |
| | | | Premier calendrier précis basé sur les observations astronomiques (Égypte) |
| | | 2800 | Début de la construction de Stonehenge, monument mégalithique circulaire (Angleterre) |
| | | | Construction des pyramides (Égypte) |
| | | 2600 | Divinités et héros glorifiés dans l'*Épopée du Gilgamesh* et autres récits épiques du Proche-Orient |

| Géologie | Archéologie | Années avant J. C. | |
|---|---|---|---|
| Holocène *(suite)* | Age du bronze *(suite)* | 2500 | Première civilisation urbaine dans la vallée de l'Indus |
| | | | Premières preuves de l'utilisation des skis en Scandinavie |
| | | | Premier recueil de lois écrites publié à Sumer |
| | | 2000 | Apparition en Crète des sociétés minoennes |
| | | | **L'usage du bronze se répand en Europe** |
| | | | Domestication de l'éléphant et premiers élevages de poulets dans la vallée de l'Indus |
| | | | Première culture esquimaude dans la région du détroit de Béring |
| | | 1500 | Apparition des grandes pirogues de haute mer à balancier, capables d'atteindre les îles du Pacifique Sud |
| | | | **Premières sculptures religieuses en bronze (Chine)** |
| | | | Empire des Hittites, gouvernement centralisé administrant des provinces lointaines |
| | Age du fer | 1400 | **Apparition du fer au Proche-Orient** |
| | | | Première écriture à alphabet complet réalisée par les Ougarites (Syrie) |
| | | | Moïse dirige la fuite des Israélites hors d'Égypte |
| | | 1000 | Domestication du renne en Eurasie |
| | | | Les Phéniciens établissent l'alphabet moderne |
| | | 900 | |
| | | 800 | **L'usage du fer commence à se répandre en Europe** |
| | | | Construction du premier réseau de routes à grande circulation en Assyrie |
| | | | Homère compose l'*Iliade* et l'*Odyssée* |
| | | | Des peuples de cavaliers qui nomadisent au Proche-Orient apparaissent comme une nouvelle et puissante force |
| | | 700 | Fondation de Rome |
| | | | Cyrus le Grand règne sur l'Empire perse |
| | | 500 | Création de la République romaine |
| | | | Invention de la brouette à roue (Chine) |
| | | 200 | Rédaction des épopées mythologiques de l'Inde : *Mahâbhârata* et *Râmâyana* |
| | | | Invention de la roue à aubes (Proche-Orient) |
| | | 0 | Début de l'ère chrétienne |

Y 2 milliards d'années

Y 1 milliard d'années

Premiers animaux respirant de l'oxygène (900 millions)    ⋏ Premiers animaux à posséder une colonne vertébrale (470 millions) ⋏    Premiers hommes (2 millions) ⋏

# Sources des illustrations

*Les sources des illustrations de cet ouvrage figurent ci-dessous. De gauche à droite, elles sont séparées par des points-virgules; de haut en bas, par des tirets.*

Couverture — Peinture de Michael A. Hampshire, photographie en arrière-plan d'Erich Lessing avec la permission du Niederoesterreichisches Landesmuseum, Museum Fuer Urgeschichte, Asparn an der Zaya. 8 — Eliot Elisofon, TIME-LIFE Picture Agency, © 1972 Time Incorporated avec la permission du Musée égyptien, Le Caire. 11 — Pas de source. 14, 15 — Dessins de James Alexander adaptés d'après des photographies avec la permission de Giraudon — Dessins de James Alexander adaptés d'après *A History of Technology*, Volume I, The Clarendon Press. 16 à 20 — Lee Boltin avec la permission de la Smithsonian Institution. 23 — Roland Michaud (Rapho Guillumette). 24 — C. S. Smith. 25 — François Corbineau-TOP. 26, 27 — Roland et Sabrina Michaud (Rapho Guillumette). 28 — Roland Michaud de Rapho Guillumette. 29 — AAA Photo-Philippe Parrain. 30 — Aldo Durazzi avec la permission du Musée irakien, Bagdad. 32 — Avec la permission du Pr Joseph R. Caldwell, université de Georgie, Athènes à l'exception de l'extrême gauche, en haut, Pr Ralph Solecki, université Columbia. 35 — Avec la permission du Metropolitan Museum of Art, Harris Brisbane Dick Fund, 1955; avec la permission des conservateurs du British Museum; Aldo Durazzi avec la permission du Musée irakien, Bagdad. 37 — Robert Geissman. 38, 39, 40 — Travail des métaux et microphotographies de Sim Adler, Charles Latham-Brown, Clive Scorey et Philip Clapp du Groupe de Physique et de Métallurgie, Laboratoire Ledgemont, Kennecott Copper Corporation, Lexington, Massachusetts. 42, 43 — Pr Beno Rothenberg à l'exception d'en bas à droite, Dave Morgan. 45 à 53 — Peintures de Michael A. Hampshire. 54 — Steiermarkisches Landesmuseum Joanneum, Foto Furbock. 58 — Micha Bar-Am (Magnum). 59 — Département israélien des Antiquités et des Musées, Jérusalem — Werner Braun pour la Société des fouilles israéliennes. 61 — Giraudon. 62, 63 — Erich Lessing avec la permission du Naturhistorisches Museum, Vienne à l'exception de l'extrême gauche, Bedrich Forman. 64 — Bedrich Forman; Erich Lessing avec la permission du Naturhistorisches Museum, Vienne. 65 — Bedrich Forman d'après *Prehistoric Art*, Spring Books, Londres. 67, 68 — Emmett Bright avec la permission du Musée de l'art populaire, Ljubljana, Yougoslavie. 69 — Emmett Bright avec la permission du Museo Civico, Bologne à l'exception d'en bas à gauche, Musée d'art, École de dessin de Rhode Island (détail). 70 — Emmett Bright avec

la permission du Museo Civico, Bologne. 73 — Ken Kay avec la permission de Robert W. Ebendorf, professeur adjoint, département de Studio Art, State University College, New Paltz, New York. 74, 75 — Ken Kay avec la permission du Pr Kurt J. Matzdorf, département de Studio Art, State University College, New Paltz, New York à l'exception de l'extrême gauche en bas, avec la permission du Musée de l'université de Pennsylvanie. 76, 77 — Ken Kay avec la permission du Pr Kurt J. Matzdorf, département de Studio Art, State University College, New Paltz, à l'exception de l'extrême gauche en bas, Pr Ezzatullah Negahban. 78, 79 — Ken Kay, avec la permission du Pr Kurt J. Matzdorf, département de Studio Art, State University College, New Paltz, New York, à l'exception de l'extrême gauche en bas, Musée archéologique d'Ankara. 80, 81 — Ken Kay avec la permission de Cornelia Roethel à l'exception de l'extrême gauche, photo F. L. Kenett, Tous droits réservés George Rainbird Ltd., 1963. 82 — Derek Bayes avec la permission du Musée de Manchester. 84, 85 — Extrait de *De Re Metallica* de Georgius Agricola. Dover Publications, Inc., New York, 1950. 86, 87 — Avec la permission du Musée de l'université de Pennsylvanie. 90, 91 — Erich Lessing avec la permission du Niederoesterreichisches Landesmuseum, Musée Fuer Urgeschichte, Asparn an der Zaya. 92, 93 — Dessins de George V. Kelvin. 94 — Avec la permission des conservateurs du British Museum. 97 — Avec la permission du Musée de l'université de Pennsylvanie; Bildarchiv Foto Marburg avec la permission du Musée égyptien, Le Caire. 98, 99 — Staatlich Museum Berlin, Cliché E.R.L. (Éditions Robert Laffont); Erich Lessing avec la permission du Naturhistorisches Museum, Vienne — Musée d'Alep, Waseem Tchorbachi; avec la permission du Metropolitan Museum of Art, Donation de J. Pierpont Morgan, 1911; Lee Boltin avec la permission du Musée de l'université de Pennsylvanie. 100, 101 — Avec la permission des conservateurs du British Museum — Erich Lessing avec la permission du Naturhistorisches Museum, Vienne. 102, 103 — Emmett Bright avec la permission du Museo Civico, Bologne — Avec la permission des conservateurs du British Museum; Erich Lessing avec la permission du Naturhistorisches Museum, Vienne; avec la permission du Musée de l'université de Pennsylvanie. 104 — Erich Lessing avec la permission du Naturhistorisches Museum, Vienne — Lee Boltin avec la permission du Musée de l'université de Pennsylvanie. 105 — Hirmer Fotoarchiv., Munich avec la permission des conservateurs du British Museum. 106 — James Burke, TIME-LIFE Picture Agency, © 1972 Time Incorporated avec la permission de l'Institut d'Histoire et de Philologie, Academia Sinica, Taiwan. 109 — Jehangie Gazdar de Woodfin Camp Associates avec la permission du Musée national, New Delhi. 110 — Paulus Leeser avec la permission de l'Institut d'Histoire

et de Philologie, Academia Sinica, Taiwan. 113 — Avec la permission de la Smithsonian Institution, Freer Gallery of Art, Washington, D.C.; avec la permission du Fogg Art Museum, université Harvard, Legs-Grenville L. Winthrop — James Burke, TIME-LIFE Picture Agency, © 1972 Time Incorporated avec la permission de l'institut d'Histoire et de Philologie, Academia Sinica, Taiwan. 114, 115 — Avec la permission de la Smithsonian Institution, Freer Gallery of Art, Washington, D.C. 116, 117 — George V. Kelvin. 119 — Centre d'Art et de Civilisation asiatique, Collection Avery Brundage, San Francisco. 120, 121 — Centre d'Art et de Civilisation asiatique, Collection Avery Brundage, San Francisco; Galerie Nelson — Musée Atkins, Fonds Nelson, Kansas City, Missouri. 122 — Avec la permission de la Smithsonian Institution, Freer Gallery of Art, Washington, D.C. 123 — Centre d'Art et de Civilisation asiatique, Collection Avery Brundage, San Francisco; avec la permission de la Smithsonian Institution, Freer Gallery of Art, Washington, D.C. 124, 125 — Avec la permission de la Smithsonian Institution, Freer Gallery of Art, Washington, D.C.; Galerie Nelson — Musée Atkins, Fonds Nelson, Kansas City, Missouri. 126 — Metropolitan Museum of Art, Donation de la Fondation H. L. Bache, 1968. 129 — Pas de source. 130 — Musée Peabody d'archéologie et d'ethnologie, université Harvard. 132 — Lisa Little avec la permission du Musée d'art primitif — avec la permission du Museum américain d'histoire naturelle. 134, 135, 136 — Charles Phillips avec la permission de la Bibliothèque du Congrès. 138, 139, 140 — Pas de source. 143 — Avec la permission du Musée de l'Indien américain, Fondation Heye. 144 — Lee Boltin avec la permission du Musée national d'anthropologie et d'archéologie, Lima, Pérou. 145 — Photographie de Robert Sonin avec la permission du Musée archéologique de Rafael Larco Herrera, Lima, Pérou — Avec la permission du Musée de Virginie. 146, 147 — Lee Boltin avec la permission du Musée national d'anthropologie et d'archéologie, Lima, Pérou; Lisa Little avec la permission du Musée d'Art primitif. 148, 149 — Luis G. Mejia avec la permission du Musée archéologique de la Banque centrale de l'Équateur; avec la permission du Musée de Virginie; photographie de Robert Sonin d'après la Collection de Jan Mitchell, New York. 150, 151 — Lee Boltin avec la permission du Musée de l'université de Pennsylvanie à l'exception du centre, photographie de Robert Sonin d'après la Collection de John Wise, New York. 152, 153 — Avec la permission du Musée américain d'histoire naturelle; Musée national d'anthropologie et d'histoire du Mexique. Citations pages 141-142 extraites de *Les Incas* de Garcilaso de la Vega, traduit de l'édition française d'Alain Gheerbrant par Maria Jolas, pages 151-153. © 1961 par The Orion Press, Inc. Reproduit avec l'autorisation des éditions Grossman.

# Remerciements

Les rédacteurs de ce présent ouvrage tiennent à exprimer leur vive gratitude aux personnalités suivantes : C. C. Lamberg-Karlovsky, professeur, musée Peabody d'archéologie et d'ethnologie, université Harvard, Cambridge, Massachusetts. Ils remercient également Sim Adler, Philip Clapp, Charles Latham-Brown et Clive Scorey des laboratoires Legemont, département de recherche, Kennecott Copper Corporation, Lexington, Massachusetts; Pierre Amiet, conservateur en chef, Annie Caubet, conservateur, Françoise Tallon, chercheur, et Geneviève Teissier, département des Antiquités orientales, musée du Louvre, Paris; Arthur Bankoff, maître enseignant, département d'Anthropologie, Brooklin College, New York; Joseph B. Caldwell, professeur d'anthropologie, université de Géorgie, Athènes; Thomas Chase, conservateur en chef, et Thomas Lawton, directeur adjoint, Freer Gallery of Art, et Paul Desautels, conservateur, département de Minéralogie, département des Sciences minérales, Smithsonian Institution, Washington, D.C.; Mme Kenneth Colt, responsable des photographies, Musée d'art, école de dessin de Rhode Island, Providence; Hernan Crespo Toral, directeur, Banque du musée archéologique de l'Équateur, Quito; le département des Antiquités préhistoriques et romano-britanniques, et T. C. Mitchell, conservateur adjoint, département des Antiquités de l'Asie occidentale, British Museum, Londres; directeur général, département des Antiquités, Syrie; directeur général, département des Antiquités, Irak; Caroline Dosker, archiviste adjointe, musée de l'université de Pennsylvanie, et Robert H. Dyson Jr, conservateur, section Proche-Orient, et professeur d'Anthropologie, musée de l'université de Pennsylvanie, Philadelphie; Robert W. Ebendorf, professeur adjoint, et Kurt J. Matzdorf, professeur, Department of Studio Art, State University College, New Paltz, New York; Richard A. Fazzini, conservateur adjoint d'art égyptien et classique, Brooklyn Museum, New York; Cristiana Govi-Morigi, directrice, Museo Civico, Bologne, Italie; Ali Hakemi, directeur, fouilles du désert de Lut, Iran; Anthony Harding, département d'Archéologie, université de Durham, Angleterre; Hugh Hencken, conservateur honoraire d'Archéologie européenne, musée Peabody d'archéologie et d'ethnologie, et Jeremy A. Sabloff, professeur adjoint d'anthropologie, université Harvard, Cambridge, Massachusetts; Kent S. K. Ho, conservateur, Ch'uhsun Kao et Chang-ju Shih, assistants de recherche, institut d'Histoire et de Philologie, Academia Sinica, Nankang, Taiwan; Virginia Kane, professeur adjoint, département d'Histoire de l'Art, université du Michigan, Ann Arbor; Isabel Larco de Alvarez Calderon, directeur général, Museo Arqueologico Rafael Larco Herrera, Lima, Pérou; Heather Lechtman, professeur adjoint d'archéologie et de technologie ancienne, Departments of Humanities and of Metallurgy and Materials Science, institut de Technologie du Massachusetts, Cambridge; Herbert Melichar, professeur, département de Préhistoire, Museum d'histoire naturelle, Vienne, Autriche; Miguel Mujica Gallo, directeur général, musée de l'Or, Lima, Pérou; Oscar White, Muscarella, conservateur adjoint, département de l'Art du Proche-Orient ancien, Metropolitan Museum of Art, New York; Musée national, Ljubljana, Yougoslavie; Ezzatullah Negahban, professeur d'Archéologie, Université de Téhéran, Iran; Public Library de New York, New York; A.J.N.W. Prag, archiviste, département d'Archéologie, Musée de Manchester, Manchester, Angleterre; Fawzi Rashid, directeur, Musée irakien, Bagdad; Cornelia Roethel, New York; Beno Rothenberg, professeur d'archéologie, université de Tel-Aviv, Tel-Aviv, Israël; Issa Salman, directeur général des Antiquités, Bagdad, Irak; Abdul Hussein Shahidzadeh, directeur, musée Bastan iranien, Téhéran; Ralph Solecki, professeur d'anthropologie, université Columbia, New York; Robert Sonin, New York; Robert J. Spring, vice-président, Modern Art Foundry, Inc., New York; R. T. Tylecote, maître-assistant, département de Métallurgie, université de Newcastle upon Tyne, Angleterre; Theodore A. Wertime, directeur adjoint, United States Information Agency, Washington, D.C.

# Bibliographie

Aitchinson, L., *A History of Metals*. 2 vol., Londres, 1960.

Alfred, Cyril, *les Origines de l'Égypte ancienne*. Sequoia-Elsevier, Paris-Bruxelles.

Briard, Jacques, *l'Age du bronze*. P.U.F., Que sais-je? n° 835, Paris.

Bushnell, G.H.S.,
*les Premiers Américains*. Sequoia-Elsevier, Paris-Bruxelles.
*l'Art de l'Amérique précolombienne*. Sequoia-Elsevier, Paris-Bruxelles.
*le Pérou*. Paris, 1958.

Cavaignac, E., *les Hittites*. Paris, 1950.

Clouzot, H., *les Arts du métal*. Paris, 1934.

Culican, William, *le Levant et la Mer, histoire et commerce*. Coll. Les Premières Civilisations, Sequoia-Elsevier, Paris-Bruxelles.

Dechelette, J., *Manuel d'archéologie préhistorique celtique et gallo-romaine*. T. II, III, IV. Paris, 1927.

*Dictionnaire de métallurgie* de O. Bader et Theret (Eyrolles). Paris.

Eli Seeff, V., *les Découvertes de l'archéologie chinoise*. La Table Ronde n° 96, déc. 1955, Paris.

France-Lanord, A., *le Fer en Iran au premier millénaire avant J.-C.* Revue Historique Sider, T. I, n° 1, Paris, 1969.

Gadeau, R., *Métaux non ferreux*. Paris, 1959.

Guillet, L., *les Étapes de la métallurgie*. Paris, 1942.

Gurney, O. R., *les Hittites*. Paris, 1950.

Herenguel, J., *Métallurgie spéciale* : T. II, *Le cuivre et ses alliages*. Paris, 1962.

Hood, Sinclair, *l'Égée avant les Grecs*. Coll. Les Premières Civilisations. Sequoia-Elsevier, Paris-Bruxelles.

Hrozny, B., *Histoire de l'Asie intérieure, de l'Inde et de la Crète jusqu'au début du second millénaire*. Trad. du tchèque par M. David, Paris, 1947.

Kirk Patrick, F. A., *les Conquistadores espagnols*. Paris, 1951.

Laet, S. J. de, *la Préhistoire de l'Europe*. Marabout, Bruxelles, 1967.

Lafaye, J., *les Conquistadores*. Paris, 1964.

Lehmann, H., *les Civilisations précolombiennes*. Paris, 1965.

Lenel, L., *l'Orfèvrerie*. Paris, 1949.

Leroi-Gourhan, A. et G. Fabre, *Histoire de l'Art*. La Pléiade, Paris, 1961.

Lothrop, S. K., *les Trésors de l'Amérique précolombienne*. Paris, 1964.

Malowan, M. E. L., *l'Aurore de la Mésopotamie et de l'Iran*. Coll. Les Premières Civilisations, Sequoia-Elsevier, Paris-Bruxelles.

Mansuelli, G. A., *les Civilisations de l'Europe ancienne*. Sequoia-Elsevier, Paris, 1967.

Mellaart, James, *Villes primitives d'Asie mineure*. Coll. Les Premières Civilisations, Sequoia-Elsevier, Paris-Bruxelles.

Needham, J., *Évolution de la technologie du fer et de l'acier en Chine*. Rev. Historique sidérurgique, Trad. A. Bertrand-Schwart et A. France-Lanord, T. II : 1961, T. III : 1962.

Phillips, E. D., *les Nomades de la steppe*. Coll. Les Premières Civilisations, Sequoia-Elsevier, Paris-Bruxelles.

Simoni, M., *le Mexique*. Skira, Lausanne, 1965.

Smith, C. S., *A History of Metallography*. Chicago University Press, 1963.

Soustelle, J., *la Vie quotidienne des Aztèques au temps de la conquête espagnole*. Paris, 1955.

Thompson, J. E. S., *Grandeur et décadence de la civilisation Maya*. Sequoia-Elsevier, Paris-Bruxelles, 1958.

Vaillant, G. C., *les Aztèques du Mexique*. P.U.F., Paris, 1951.

Varagnac, A., *l'Homme avant l'écriture*. P.U.F., Paris, 1959.

Vega, G. de la, *les Commentaires royaux ou l'Histoire des Incas*. Trad. A. Gherhant, Paris, 1959.

Vercoutter, J., *l'Égypte ancienne*. P.U.F., Que sais-je?, Paris, 1947.

Watson, William, *la Chine ancienne*. Coll. Les Premières Civilisations, Sequoia-Elsevier, Paris-Bruxelles.

Wheeler, sir Mortimer, *l'Inde avant l'Histoire*. Coll. Les Premières Civilisations, Sequoia-Elsevier, Paris-Bruxelles.

# Index

**159**

Décapage, 13, 79, 81, 136, 137, 138-139
Décors animaliers, art du bronze Chang, 120-125; art précolombien, 126, 131, 132, 133, 143-145, 150-152
Désert du Néguev : mines de cuivre de Timna, 37, 42, 45, 50-51; source d'approvisionnement en malachite, 10
Domeykite, 18, 19
Dorure industrielle, 12, 137, 138-139
Dynastie Chang, Chine, 111, 112-117; armes, 111, 113, 116; artefacts en bronze, 106, 111, 112-117, 119-125; capitale de Ngan-Nyang, 110, 111, 112-114; coulée du bronze, 12, 114-115, 116-117; durée de la, 116, 119; évolution relative au bronze, 116; inhumation des souverains et sacrifices humains, 111-112

**E**
Égypte, 63; armes en métal, 97-99; artefacts en fer, 85; commerce, 10, 57; extraction de l'or, 10-12; extraction du cuivre, 43, 45, 50-51; fours de fusion du cuivre, 37, 52-53; métallurgistes, 12-13, 14-15, 80; sources métallifères, 10, 43, 45; temple d'Hathor à Timna, 42-43; trésor funéraire de Toutankhamon, 8, 80, 85
Élaboration de l'acier, 93-94, 95, 96; au xvi$^e$ siècle, 85
Épée-herminette, assyrienne, 98-99
Épées : cinglantes, des Champs d'urnes, 72; de Damas, 95; de Kamakura, 95; de Hallstatt, 94; en acier, 95; en bronze, 65, 72, 98-101; en fer, 118
Équateur, carte 129, 133-137, 140, 141; masque, 148
Esclaves : affectés à l'exploitation des mines de Nubie, 10; chaînes d', en fer, 96
Étain : bronze à base de cuivre et d'-, 18, 21, 22, 38, 44, 55, 56-57 (voir aussi Bronze); commerce, 57, 60; fusion, 21; rareté au Proche-Orient, 56, 57; sources d'approvisionnement, 57, 60, 62
Europe : âge du bronze, 60-72; armes en bronze, 65, 66, 72, 98, 100-103; bijoux en bronze, 62-65, 66; commerce avec le Proche-Orient, 57-60, 62; débuts de la métallurgie, 16, 60; fonderie de l'âge du fer, 90-91; forges du xvi$^e$ siècle, 84-85; four de fusion du fer, premier connu, 88-89; gisements métallifères, 57, 60-62, 71; Peuples du campaniforme, 60; rites funéraires, 64-65, 66; routes commerciales, 60-62; situles en bronze, 67-70
Exploitation minière : en profondeur, 66-71; outils, 50-51, 66, 72; travail, 10, 50-51, 71. Voir aussi Extraction de l'or; Extraction du cuivre
Extraction de l'or, 10-12; lavage à la batée, 26-27
Extraction du cuivre, 71; Timna, 42, 45, 50-51

**F**
Faucilles : en bronze, 63; en cuivre, 44; en fer, 82, 93, 118; en pierre, 63
Fer, 83-96; bloom, 89, 92; carburé (acier), 92, 93-94, 95, 96; centres d'extraction et de production, carte 11; commerce du, 89; coulée du, 28, 93, 117; des marais, 95; forgeage, 29, 84, 90; fusion du, 21, 83, 84-85, 88-89, 90-91; industrie hittite,

89-92; laminé, 92-93, 95-96; maniabilité du- comparée à celles du cuivre et du bronze, 83, 88; martelage du, 83, 84-85, 88, 89, 92-93, 95, 96; météorique, 20, 83-85; natif, rareté du, 83; sources d'approvisionnement, 83-85; température de fusion, 41, 83; travail du, 83, 88
Figurines : de l'Amérique précolombienne, 132, 145; Élamites, 61; en argent, 132; en argile, 9; en bronze, 61, 78; en cuivre, 34-35, 43; en or, 145; Madianites, 43; sumériennes, 34-35
Filigranes, moulages en : Chiriquis, 150; Mixtèques, 139
Fonte, 15, 21, 60, 78, 133; bronze, 14-15, 18, 63, 65, 71, 72, 83, 106, 108-109; bronze, technique chinoise, 112, 114-115, 116-117; cuivre, 44, 48-49, 55, 56, 60, 83, 109; de tumbaga, 135, 137-138; définition, 12; fabrication en série favorisée par la, 21, 44, 63, 100; fer, 28, 93, 117; moules, 44, 49, 71, 78, 93, 114-115, 134-135; or, 134-136, 138-139, 148, 149-151; techniques, 44, 48, 49, 63, 72, 78, 93, 114-115, 116-117 (voir aussi Fonte à la cire perdue)
Fonte à la cire perdue, 34-35, 61, 72, 78-79, 93, 108, 131; définition, 13; utilisée aux Amériques, 78, 126, 131, 134-136, 138-139, 148, 149-151
Fours : céramiques, 37, 44, 112, 127; chinois, 111, 112; de fusion, 37, 127; Hasanlu, 93
Fours de fusion, 21, 37-41, 46-47, 71, 112, 114, 117, 137; au xvi$^e$ siècle, 84-85; à loupes, 89; du cuivre, 37, 52-53; du fer, 88-89, 91, 95; haut fourneau, 85, 89
Frittage, 140; définition, 13
Fusion, 16, 21, 36-44, 60, 71, 88; découverte de la, 36-37; définition, 13, 21; de l'or, 12, 137; des métaux, 9, 10, 14, 21, 41, 44, 133-137; du cuivre, 18, 36-44, 45, 46-47, 48-49, 52-53, 60, 83, 88, 137; du fer, 21, 41, 83, 84-85, 88-89, 90-91; du plomb, 21, 88; températures de, 21, 36, 37, 41, 46, 83. Voir aussi Fours

**G**
Gangue : définition, 13; séparation de la, 37, 47, 50-51
Grenetage, 13, 80-81
Grillage (traitement des métaux), 66, 71, 89
Grotte du Trésor (Israël), 11, 55, 58-59
Guerre, 65, 66, 72, 94, 97, 98-103, 105, 104

**H**
Haches, 21, 98-99; en bronze, 55, 56, 62-63, 66, 71, 72, 98-99, 109, 113, 116; en cuivre, 44, 49, 60, 109; en fer, 85, 92-93, 96, 98, 118
Hacilar, artefacts en cuivre, 34
Hampes de flèches, 100-101; en bronze, 65, 100; en cuivre, 44, 127; en fer, 93
Hasanlu, carte 11, 86-87, 92-94
Hattusalis III, roi hittite, 89
Haut fourneau, 85, 89
Hématite, 9, 20, 88
Herminettes : en bronze, 56, 109, 116; en cuivre, 44; en fer, 118
Hittites, 83, 89-92
Hongrie : atelier d'élaboration du bronze, 71; source d'approvisionnement en étain, 57
Huttenberg, carte 11; fusion du fer, 88-89

**I**
Iles Britanniques : barres de monnaie, 94, 95; commerce, 62; débuts de l'âge du fer, 94-96; débuts de la métallurgie, 13, 16, 60; élaboration du bronze, 94; gisements métallifères, 62; Peuples du campaniforme, 60, 94
Incas, 128, carte 129, 140-142
Inde, 16, 107, 109; métallurgistes, 25, 29
Indiens Taironas, carte 129; pendentif en or, 126
Inhumation : cimetière de Ngan-Yang, 110; civilisation des Champs d'urnes, 65; civilisation des Tumulus, 64; des rois sumériens, 56-57, 111; des souverains Chang, 111-112; offrandes funéraires en métal, 54, 56-57, 64-65, 85, 111-112
Irak : gisements cuprifères, 32; premiers artefacts en cuivre découverts en, 32, 33
Iran, 104, 108, 112; batteurs de cuivre, 24; fusion du cuivre, 41-44; gisements cuprifères, 32; gobelet en or, 76; invasions de l', 92; Mannaéens à Hasanlu, 92-94; premiers artéfacts en cuivre, 32, 34, 97, 108; vie durant l'âge du fer, 86, 92-94
Italie : production du fer, 92; situles, 67

**J**
Japon, 13; dorure, 137; épées de Kamakura, 95

**K**
Koszeg, Hongrie, carte 11; fonderie, 71

**L**
Limonite, 88; oolithique, 20
Luristan, carte 11; mors en bronze, 104

**M**
Madianités, 42, 51; figurines en cuivre, 43
Magnétite, 20, 88
Malachite, 9, 10, 18, 19, 32, 37, 45, 46, 51, 57, 112
Maniabilité : du cuivre, 33, 83; du fer, 83; du fer laminé, 92-93
Mannanéens, 92. Voir aussi Hasanlu
Marteaux, 12, 60, 71; en bronze, 56; en cuivre, 60
Martelage des métaux, 10, 15; de l'argent, 74-75; de l'or, 12, 129-131, 133, 143-148; du bronze, 39, 56, 67-70, 71, 72, 108; du cuivre, 21, 33, 36, 39, 40, 56, 83, 108, 109; du fer, 83, 84-85, 88, 89, 92-93, 95, 96; dureté accrue par le, 56, 139
Masques : de la dynastie Chang, 106; de Toutankhamon, 8; indiens, 144, 146-148
Mayas, 128, carte 129; artefacts, 128, 130, 131
Mélaconite, 18, 32
Mer Morte, carte 11; grotte du Trésor, 55, 58-59
Mésopotamie, 9; civilisation de l'âge du bronze, 56-57, 108; commerce, 44, 57, 60, 107; pénurie de ressources métallifères, 34. Voir aussi Sumer; Suse
« Métal céleste » (fer météorique), 20, 84
Métallographie, 38-40
Métallurgie : diffusion des connaissances en, 16, 21, 60-62, 66, 92, 94, 108-109, 112, 131; origines de la, 9-10, 16, 131; premier ouvrage publié sur la, 22
Métallurgie des poudres, 137

**XXXXX**

Achevé d'imprimer le 28 juin 1985 par l'Imprimerie Offset-Aubin pour le compte de France-Loisirs
Dépôt légal : juillet 1985 / Nº d'édit. : 10591 — Nº Impr. : P 13540 / ISBN 2-7242-2594-5